LE PETIT SURDOUÉ DE 6 MOIS À 6 ANS

Sophie Carquain au Livre de Poche :

PETITES HISTOIRES POUR DEVENIR GRAND (2 VOL.)

Avec la collaboration de Maryse Vaillant :

COMMENT LA PSYCHANALYSE PEUT CHANGER LA VIE

MONIQUE DE KERMADEC
ET SOPHIE CARQUAIN

LE PETIT SURDOUÉ DE 6 MOIS À 6 ANS

ALBIN MICHEL

ISBN : 978-2-253-23810-2 – 1re publication LGF

« Tu as l'air d'une petite fille, mais avec l'esprit et la faculté de raisonnement d'un adulte. Nous pourrions peut-être t'appeler une "enfant femme"[1]. »

1. Roald Dahl, *Matilda*, Gallimard Jeunesse, 1988.

UN BÉBÉ SURDOUÉ…
EST-CE BIEN SÉRIEUX ?

Tout petit, dans son transat, il a tout d'un poupon Corolle. Les joues roses, les cheveux de soie peignés sur le côté, il fleure bon ce parfum incomparable mêlé de lait, de vanille et de sueur fine. Dort-il ? Non. Il papillote des yeux, tète son pouce, scrute son environnement. La tête sur le côté, comme *Le Penseur* version horizontale, il analyse, il décortique. Il comprend.

Nos bébés sont de vieux sages. Ils sont dotés dès la naissance d'une intelligence époustouflante. La preuve : ils naissent vulnérables, et comprennent si vite. Comme des *self-made-men* en barboteuse, ils apprennent « sur le terrain », à se débrouiller, à composer avec l'environnement, à entrer en interaction avec leurs parents. Bien obligés : ne sont-ils pas les seuls mammifères à naître immatures à la naissance ? Alors qu'un chaton de deux semaines est déjà sur ses pattes, le bébé passera dix à douze mois à apprendre à faire ses premiers pas. Totalement dépendants de leurs parents, en particulier de leur mère, les petits d'homme mettent beaucoup plus de temps à s'autonomiser et à grandir que tous les autres petits mammifères. Pourtant, ils nous stupéfient par leur intelligence. De là à les traiter de « surdoués », ou précoces... Est-ce bien sérieux ? Ne sombrons-nous pas, là encore, dans une grande illusion ?

Il est vrai que le surdon est devenu très « tendance ». De l'enfant dit « précoce » souvent en difficulté scolaire à l'adulte « à haut potentiel » – souvent pas très heureux dans son travail, mal perçu au sein de sa hiérarchie –, notre société semble obsédée par la traque aux neurones, la chasse aux surdoués ; fascinée par ces « surhommes fragiles », ces colosses aux pieds d'argile, ceux que l'on dit si intelligents et si vulnérables à la fois. Et pour cause : nous évoluons dans une société en mal de performance, qui collectionne les superhéros, comme Batman, Superman ou Hulk, et vénère ces « hors-norme » de l'intelligence. Devant le spectre du chômage, de la crise (crise économique, crise des valeurs), et notre incapacité à nous, adultes, à trouver des solutions efficaces, les petits surdoués sont investis d'une sacrée mission – pour ne pas dire mission sacrée : celle de réparer notre narcissisme. De nous réparer.

Pourquoi, donc, cette obsession du *gifted child* ? N'est-ce pas parce que, aujourd'hui, les attentes de notre société à l'égard des enfants sont colossales ? Le petit surdoué a succédé à l'enfant roi, à moins qu'il ne se soit superposé à lui, au moment précis où nous avons mis le pied dans l'ère numérique. Le surdoué chaussé de ses Converse taille 25 n'incarne-t-il pas le petit savant en culottes courtes, celui qui, biberonné à l'informatique, ferait tinter dans la poche de son « dors-bien » les clés d'un Nouveau Monde ? Ce *digital native*, né à pieds joints dans le numérique, un bib dans une main, une souris dans l'autre, qui nous éblouit par ses compétences ? Oui, il y a très certainement tout cela. L'enfant surdoué pourrait bien incarner ce « missionnaire » dont nous attendons tant, pour ne pas prononcer le mot de « sauveur ». Les livres sur les surdoués se multiplient, y compris dans la littérature jeunesse. Le dernier en date, *Le Mystérieux Cercle Benedict*[1], met en scène quatre petits surdoués, qui se partagent tous les talents du petit précoce : hypermnésie, agilité intellectuelle, sens de la déduction, etc.

Fantasme ou réalité ?

Mais ce fantasme de toute-puissance, de performance, qui s'est emparé de toute une société, ne doit pas nous faire occulter la réalité : les surdoués existent, qu'on les nomme « bébés aux besoins intenses », « hypersensibles », « doués »,

---

1. Trenton Stewart, *Le Mystérieux Cercle Benedict*, Bayard Jeunesse, 2013.

« précoces ». Et, si le sujet « chatouille » et fait polémique, on ne doit pas les sous-estimer.

Rendons à César... Tout a débuté en 1992 : l'émission phare du moment, *La Marche du siècle* de Jean-Marie Cavada, projetait un documentaire sur ces enfants à haut potentiel, qui paradoxalement ne parvenaient pas à trouver leur place dans la société. Comme on disait à l'époque, « le standard avait sauté ». De multiples coups de téléphone de parents, angoissés, paniqués, mais aussi reconnaissants : et si le mal-être de leur enfant avait trouvé sa cause ? Les émissions télévisées se sont ensuite succédé : Jean-Luc Delarue, Mireille Dumas, puis, plus récemment, *Le Magazine de la santé*, sans parler des radios, donnant lieu chaque fois à d'innombrables coups de fil. De la même façon, après chacune de ces émissions, les associations familiales, organismes d'aide à l'éducation, comme la fameuse École des parents, étaient assaillies d'appels téléphoniques de parents déroutés et parfois inquiets : « Il a 2 ans et veut tout comprendre », « Il me semble trop mûr pour son âge... », « Il m'a parlé de la mort », « Il est très déroutant, il n'est jamais là où je l'attends... »

« Si mon enfant est malheureux, soupiraient certains parents, c'est parce que je l'ai mal compris, c'est parce que j'ai mal évalué son intelligence, son hypersensibilité. » Et pour les plus grands, déjà scolarisés : « S'il est nul, n'est-ce pas parce qu'il a un trop gros QI ? »

Reconnaissons-le : il y a eu des abus. L'équation systématique : échec égale douance a pu nourrir le fantasme que tous les cancres pouvaient être rattrapés *in extremis* par les bretelles ! Illusion doublée d'une précieuse tentative de déculpabilisation : « S'il a des problèmes à l'école, ça n'est pas ma faute, à moi, parent, ça n'est pas non plus la faute de l'institution. Il n'est pas adapté, c'est tout. »

Il est vrai que le paradoxe « Comment peut-on échouer en étant aussi intelligent ? » fait toujours mouche. Et suscite aujourd'hui plus que jamais une foule de questions : « Pour prévenir l'échec, dois-je le traiter en adulte ? Comment nourrir son intelligence au quotidien ? Où puis-je le faire tester ? Faut-il l'inscrire dans un établissement spécialisé ? Ses frères et sœurs sont-ils aussi surdoués ? »

La surmédiatisation des « petits Einsteins » a eu le mérite de pointer cette singularité de la douance. Les surdoués existent. Et, s'ils représentent 2 % de la population, on ne doit pas les oublier. Ils ne sont pas nés de l'invention d'un cerveau en ébullition.

Depuis *Le Livre de l'enfant doué*[1] à *C'est pas ma fote, j'ai un trop gros QI*[2], en passant par *L'Enfant surdoué*[3] ou par le plus récent *Pour que*

1. Arielle Adda, *Le Livre de l'enfant doué*, Solar, 1999.

2. Anne Débarède, *C'est pas ma fote, j'ai un trop gros QI*, Hachette, 2009.

3. Jeanne Siaud-Facchin, *L'Enfant surdoué*, Odile Jacob, 2002.

mon enfant réussisse[1], en vingt ans, le monde de l'édition a accompagné ce phénomène, s'intéressant d'abord à l'enfant scolaire, souvent en souffrance dans le « calibrage normatif » de l'école, puis à l'adulte hypersensible et hyperintelligent, lui aussi pas toujours très intégré dans le monde de l'entreprise.

Personne n'avait jusqu'à présent exploré les « tout-petits précoces ». Et pourtant, reconnaissons-le : la précocité n'apparaît pas d'un coup de baguette magique le jour de la rentrée des classes en CP ! Il s'agit bel et bien d'un processus, qui débute dès les premiers mois de la vie, dès que l'interaction enfant-parents est lancée. La réussite de nos enfants se prépare dès le berceau. Et nous allons explorer ensemble cet éventail de talents du bébé à haut potentiel.

Passer sous silence ces tout-petits surdoués serait ignorer, et plus encore maltraiter, un trésor inestimable. La précocité ne démarre pas à 3 ou 4 ans, au moment de l'entrée à l'école. L'intelligence ne se met pas en route pour lire, écrire et compter. Elle est là, prête à être éveillée. Prête à donner le meilleur d'elle-même.

Sachons les accompagner, les comprendre, gérer leur hypersensibilité et leur intuition extraordinaire, « connecter » avec leurs émotions. Sachons

1. Monique de Kermadec, *Pour que mon enfant réussisse. Le soutenir et l'accompagner*, Albin Michel, « Questions de parents », 2010.

les encourager sur la voie de leurs talents, sans les étouffer, en les protégeant autant que possible de l'anxiété de performance qui pourrait les ronger. Ne laissons pas ce trésor en friche, au risque de voir se développer frustration, ennui, angoisse. Ou ce que nous verrons amplement, le développement d'un « faux self », sacrifice de leur vraie personnalité sur l'autel de l'excellence.

On le sait : ils sont dotés d'une intelligence fulgurante, d'une mémoire phénoménale, mais « zappent » souvent les étapes intermédiaires du raisonnement. Ils sont rapides comme l'éclair mais rétifs aux méthodes. Ils comprennent, lisent plus vite, font évoluer leur « bonhomme » plus rapidement. Ils sont parfois doués d'une intuition phénoménale, à la limite d'un sixième sens, et d'un sens de l'orientation sidérant. Même à 6 mois ! Dans les deux premiers chapitres, nous allons explorer ensemble cet éventail de talents, les caractéristiques propres au bébé à haut potentiel.

Ce livre vous aidera à tout comprendre du développement de l'intelligence de votre bébé ; à évaluer et à gérer sa sensibilité extraordinaire. Nous l'avons voulu accessible, analytique et pratique, rempli de témoignages de mamans interrogatives et admiratives à la fois.

Ces bébés sont particuliers, sensibles, intuitifs, parfois capricieux, petits dormeurs, et très demandeurs ? Vous trouverez, vous, parents, une explication claire de ces caractéristiques. Vous y trouverez une mine d'astuces et de petits jeux pour accompagner votre tout-petit sur son propre chemin ; pour développer son intelligence sociale, émotionnelle, cognitive. Mais aussi pour jouer avec lui, l'aider à faire la sieste, gérer ses crises de frustration, mieux comprendre les autres, et mieux décoder ses propres émotions, lui qui connaît plus que d'autres la tentation de la « bulle ».

Vous trouverez dans ce livre des réponses à toutes les questions que vous vous posez, légitimement, sur son avenir (très) proche. Faut-il l'inscrire à l'école dès 2 ans ? À partir de quand doit-on penser à un saut de classe ? Pourquoi les petits précoces sont-ils, déjà à quelques mois, comme « magnétisés » par les écrans et les jeux vidéo ? Doit-on les limiter et comment ? Doit-on envisager assez tôt de recourir à un test ? Et lequel ? Est-ce obligatoire pour l'école maternelle ? Doit-on stimuler son sens de l'effort ? Sur ce chemin qui, contrairement à ce que l'on dit, n'est pas un chemin de croix, mais de bonheur, de confiance et de fierté, nous vous accompagnons pas à pas.

C'est maintenant que tout commence.

1

COMMENT L'INTELLIGENCE VIENT AUX BÉBÉS

> « Les enfants constituent le département Recherche et Développement de l'espèce humaine, les adeptes du brainstorming, tandis que les adultes se chargent de la production et du marketing. Les premiers font les découvertes, les seconds les mettent en application[1]. »

De la naissance à 12 mois

Les deux moteurs de l'intelligence

Nous le savons bien : tous les bébés du monde sont intelligents. Si futés que, si faibles soient-ils dès leur naissance, si dépendants qu'ils soient des adultes, ils détiennent ce merveilleux trésor – l'intelligence – qui leur permet d'entrer dans le monde et d'évoluer. « Un bébé, écrit Françoise Dolto[2], c'est bien plus intelligent qu'on ne croit. C'est-à-dire

---

1. Alison Gopnik, *Le Bébé philosophe*, Le Pommier, 2010.
2. *Séminaire de psychanalyse d'enfants*, Le Seuil, 1985.

que chacun de nous, quand il était bébé, était bien plus intelligent que ce qu'il est devenu, adulte. » Du moins, pourrait-on ajouter, intelligent « d'une certaine façon »...

Jusqu'à l'âge de 2 ans en effet, d'après le psychologue Jean Piaget, le bébé est doté d'une intelligence sensorimotrice, totalement centrée sur le corps. Autant dire qu'il n'est pourvu pour l'instant d'aucune pensée abstraite ! Il ne joue pas au petit *Penseur* de Rodin, la main sur le menton... Nu et vulnérable dès la naissance, il est pourtant solidement « armé » de deux atouts extraordinaires, deux ingrédients indispensables qui vont le propulser en avant : sa pulsion dite épistémophilique[1] d'une part, c'est-à-dire son irrésistible besoin d'apprendre, et d'autre part sa fabuleuse capacité d'imitation, qui lui permettra d'adopter les us, coutumes et attitudes – et le langage – de l'être humain.

Une grande capacité à apprendre

Il semble que les cerveaux des bébés soient dotés de qualités spécifiques qui les rendent particulièrement aptes à apprendre. Ils présentent davantage de connexions et de circuits neuronaux que les cerveaux adultes. À mesure que nous grandissons et que nous accumulons les expériences, nos cerveaux

1. Rappelons qu'en grec *episteme* signifie « science » et *philo*, « aimer ».

élaguent les connexions les plus faibles, les moins utilisées, et renforcent celles qui servent le plus. Quand le bébé « entre au monde », il le découvre, l'explore, avec son cerveau, mais surtout grâce à ses différents systèmes sensoriels. Il dispose d'outils-réflexes (succion, préhension), grâce auxquels, nous dit Piaget, il va pouvoir acquérir les premières grandes conduites intellectuelles. La bouche, la main, ne sont-elles pas les premiers moteurs de la découverte, donc de l'intelligence ? Rappelons-nous la fameuse formule d'Anaxagore : « L'homme est le plus intelligent des animaux parce qu'il a des mains. » C'est particulièrement vrai pour les bébés !

Sorti du ventre maternel, le tout-petit est également « boosté » par son expérience du réel et de la frustration. N'oublions pas que *in utero*, les apports nutritifs constants plongent le fœtus dans un état proche du paradis. Jamais frustré, jamais « en manque », il a tout sous la main – jusqu'au cordon, utilisé comme doudou – et n'a pas besoin de chercher à manger ! Le nourrisson, au contraire, rencontre les premières expériences de la frustration. Et les premières expériences du désir. « Le désir prend sens à travers la frustration », écrit justement Karl Abraham, un des pionniers de la psychanalyse. Le bébé a faim, il demande, il cherche, il explore... C'est aussi cette frustration initiale qui le poussera à exercer son intelligence...

Il nous imite !

Seconde « mamelle » de l'apprentissage : sa capacité à imiter. On le sait, dès la naissance, les tout-petits prennent exemple sur leurs proches, en particulier leurs parents, en reproduisant des mouvements de la langue et des lèvres, de la tête et des mains. Ne s'agit-il pas là de la toute première forme interactive d'apprentissage ? Le psychologue René Zazzo avait mis en évidence le fait que, quand on tire la langue à un bébé de 3 semaines, il la tire en retour ! Même si, pour le moment, il passe beaucoup de temps à téter et à dormir, ces deux actions lui permettent déjà de renforcer son intelligence, tout en développant une certaine « compréhension » du monde : le rythme (repérage dans le temps), et les catégories dehors/dedans. Le lait entre dans ma bouche, il ressort de la bouche...

• À 3 mois

Le bébé soulève sa tête d'un côté à l'autre, et referme la main sur le hochet quand on le lui donne dans la main. Il tourne la tête vers des couleurs vives et des lumières. Il se produit alors quelque chose d'important : tout ce qu'il découvre par hasard et qui implique son corps, il le répétera inexorablement. Un bébé qui, par exemple, attrape sa main et place son pouce dans la bouche découvre avec ravissement qu'il peut ainsi le téter. Cette succion lui procure du plaisir :

il va donc répéter et reproduire le geste. Et, ainsi, l'intégrer à son fonctionnement intellectuel.

• À partir de 4 mois

Son attention visuelle se développe : il suit les objets et les personnes du regard. Il acquiert le contrôle des mains, découvre l'intérêt d'avoir des petons, et n'hésite jamais une seconde à les fourrer dans sa bouche. Sur le plan intellectuel, il comprend le stade de la « permanence de l'objet », c'est-à-dire la capacité à imaginer un objet que l'on a caché derrière un mouchoir. Cette découverte, les psychologues l'ont faite assez récemment en observant une cohorte de bébés grâce à la vidéo et à l'ordinateur. Grande étape, premier pas vers l'abstraction !

– **Sur le plan social.** Il sourit quand on lui sourit (la toute première interaction par le « sourire social », qui vient remplacer le « sourire aux anges »), ce qui généralement comble d'aise les parents ! Il imite tous les mouvements du visage, y compris le mouvement de la tête. Il s'arrête de pleurer quand il entend une voix ou découvre un visage. C'est également à cet âge que le bébé prend de plein fouet les émotions de ses parents, en particulier s'il est soumis à des sentiments contradictoires, à un « visage fermé », ou à un regard évitant. Bref, il ne reste pas insensible aux autres.

• À 6 mois

– **Sur le plan moteur.** Quand il est assis, il tient sa tête droite. Il tend la main vers les objets et les attrape, il peut aider à tenir son biberon. C'est le tout début de la grande exploration de l'univers. Il devient aventurier, explore le monde en mettant les objets à la bouche ou en tapant dessus. Premier réflexe scientifique : son intelligence est expérimentale ! Il s'assied si on lui tient les mains.

– **Sur le plan social.** Il recherche très nettement l'attention et le contact avec les gens, bref, se soucie d'interactions avec son entourage. Il reconnaît les visages familiers, il émet de petits sons et commence tout naturellement à gazouiller. Ce premier gazouillis est à la fois un « monologue intérieur extériorisé », et des premiers fragments de langage. Il commence la grande aventure de la communication verbale !

• Entre 6 et 12 mois

Le bébé entre dans sa phase exploratoire. Il marche tout seul quand on lui tient une main, se déhanche au son de la musique !

– **Sur le plan moteur.** Il va chercher à explorer l'univers qui l'entoure, à manipuler les objets, à les attraper, les fourrer dans sa bouche, les renifler ! Voilà qui satisfait, ô combien, sa fameuse « pulsion de la connaissance ». Certes, tous ne marchent pas encore, mais ils rampent et se déplacent à quatre pattes.

La reptation motrice déclenche de nouvelles connexions dans le cerveau, dans les zones de la mémoire et des émotions.

Grâce à ses déplacements, il connaît également un point de vue moins égocentrique, plus « objectif » sur les choses et sur l'espace. Un grand pas en avant, puisqu'il passe du « moi, moi, moi » à la découverte de l'altérité. Un sacré moteur pour sa curiosité !

– **Côté motricité fine.** Avec l'aide des grands, il sait boire à la tasse, il attrape les objets avec le pouce, l'index et le majeur. Il est capable de sortir les cubes d'une boîte et de les y replacer. Il commence à se servir d'objets correctement (une brosse ou un peigne).

– **Sur le plan social.** Il « scanne » le monde extérieur de façon plus fine et prend conscience que sa mère est différente de lui et des autres personnes. C'est ce qui l'amènera, aux alentours de 8 mois, à vivre une phase de « retrait » – la fameuse angoisse de séparation au cours de laquelle il peut faire la grimace devant les autres visages, se retourner vers vous et ne rechercher que la compagnie de sa mère. N'en soyez pas chagriné, car il s'agit paradoxalement d'une belle étape dans la socialisation : l'autre devient un vrai « autre », dans toute sa singularité et sa différence. Cette découverte lui donne envie, très logiquement, de communiquer. Notre bébé commence alors à gazouiller avec ses proches en plaçant les bonnes intonations, en s'inspirant de notre langue d'adulte. Bref, il découvre avec ravissement sa capacité mimétique. C'est d'ailleurs ce qui plonge dans l'émerveillement ses parents.

Le stade du miroir

À cette même période, aux alentours de 8-10 mois, il comprend peu ou prou que la petite bouille qui s'affiche devant lui, sur le miroir, n'est pas le visage d'un autre. Le fameux « stade du miroir », analysé par Lacan, opère une sorte de révolution copernicienne chez le bébé. C'est, en effet, en rencontrant le reflet de sa mère, ou de son père, en se retournant vers la personne réelle (« il s'agit bien de mon papa, de ma maman ») que le bébé, ensuite, fera le lien avec lui-même. « Si ma maman, qui me porte, se reflète dans ce miroir, eh bien ce bébé, qu'elle porte dans ses bras, n'est-ce pas moi ? »

Cette découverte signe la différenciation de soi d'avec l'autre, étape fondamentale vers la perception de soi. Ce n'est donc pas un hasard si le stade du miroir se vit au même moment que la fameuse « angoisse du huitième mois », ce délicat moment pendant lequel le bébé pleurniche à la vue de tous les visages inconnus.

Pourtant, loin d'être angoissante, cette confrontation avec le miroir est souvent réjouissante. Le bébé rit, crie de joie en se découvrant. Il n'a de cesse de venir explorer ce miroir, de se contempler en tirant la langue ou en s'adressant de doux baisers ! Dans un premier temps, il explore son visage – lieu privilégié de l'expression de ses émotions – un trésor pour apprendre à décoder celles des autres !

Une certaine boule de billard...

Tout petit, il commence également à affiner son intelligence cognitive. Comment le sait-on ? Tout simplement parce que les psychologues, jamais en panne d'inventivité, ont mis au point certains tests fondamentaux. Ils ont notamment découvert qu'en s'intéressant au regard du bébé, on pouvait évaluer précisément son intelligence. En 1970, un psychologue américain spécialiste du développement de l'enfant, Robert L. Fantz, fait le constat suivant : quand un bébé observe un phénomène nouveau, par exemple une girafe en plastique, un jouet qu'il n'a jamais vu, il va fixer l'objet pendant quelques secondes, puis détourner son regard. Il suffit alors de placer à côté de la girafe un autre jouet pour éveiller à nouveau son attention – le bébé porte son regard sur le nouveau jouet, prouvant par là même l'intérêt qu'il porte à toute forme de nouveauté. De la nouveauté à l'étrangeté, il n'y a qu'un pas. Le chercheur parviendra ensuite à mettre en évidence la faculté du bébé à manifester son intérêt devant une situation incongrue.

C'est la fameuse expérience de « la boule de billard[1] ». Explication ? Une boule rouge roule sur un tapis de billard et vient percuter une boule blanche. Le bébé fixe la scène, puis au fil des répétitions, finit par se lasser. Mais quand quelque chose vient bousculer le scénario (la boule blanche bouge toute seule sans avoir été percutée), il manifeste son étonnement, par une mimique particulière. Bref, à 6 mois, il comprend qu'une loi physique immuable a été violée. Les choses ne devaient pas se passer comme cela !

Entre 12 et 24 mois

Répéter pour comprendre...

Le grand bébé n'en finit plus d'explorer l'univers avec jubilation. Il le fait d'une manière très particulière, en répétant les mêmes gestes. Reconstruire quinze fois la tour de cubes, ramasser dix fois la petite cuiller, jouer à la petite bête qui monte, qui monte, descend et remonte encore... Ils répètent à l'envi, avec cet entêtement propre aux bébés.

1. Leslie B. Cohen, Cara H. Cashon, « Infant perception and cognition », in *Comprehensive Handbook of Psychology: Developmental Psychology*, New York, John Wiley and Sons, 2003.

Et c'est ainsi que les petits physiciens en herbe explorent à leur manière la relation de cause à effet. Les bébés savent en effet très bien intuitivement ce qui va développer leur intelligence et ce qui les fera grandir. Piaget l'avait constaté, à travers ce qu'il a nommé l'« expérience pour voir ». Quand un jeune enfant constate qu'il a provoqué un résultat intéressant (lâcher un joujou qui tombe par terre), il va répéter – pour le plus grand bonheur (ou le plus grand agacement) de ses parents. Toutefois, il aura soin de varier son geste, de l'enrichir, afin d'apprécier le changement : le résultat va-t-il varier lui aussi ? Exemple : sur sa chaise haute, il lance son doudou. Après l'avoir récupéré (grâce à l'extrême amabilité de ses parents), il prend l'air songeur, le regarde, puis recommence, mais cette fois en variant le geste (le bras à l'oblique, par exemple), afin d'apprécier la variabilité du résultat. Et nous avons vraiment le sentiment que, dans leur petite tête, ils se disent : « Mon Dieu, mais c'est bien ça ! » À cet âge, la répétition est un vrai tremplin et un sacré levier pour l'intelligence.

Marcher sur un matelas, faire tomber un objet, le ramasser et recommencer, constater de sa menotte dodue que la porte du réfrigérateur est froide, puis vérifier encore une fois... À travers ces gestes répétés, le petit physicien en herbe comprend le monde et les relations de cause à effet. Ce processus fait partie de sa maturation psychologique.

Cette étape, ô combien importante, signe le tout début du raisonnement expérimental. Ce qui intéresse notre bébé, ça n'est pas de suivre un schéma tracé d'avance ou de bien faire les choses, mais c'est d'expérimenter, encore et encore. Mais à travers cette posture de scientifique, le « grand bébé » peut apprivoiser bien d'autres choses – comme la séparation d'avec les parents !

Sigmund Freud l'avait bien compris, en regardant son petit-fils, alors âgé de 18 mois, jouer avec une bobine de fil, qu'il envoyait à un bout de la pièce pour la rechercher ensuite, tout en s'exclamant : *fort* (loin) et *da* (ici)! Le psychanalyste a alors une idée lumineuse, qui a donné naissance à sa fameuse théorie du « *fort/da* ». Ce plaisir du bébé devant le va-et-vient répété de la bobine ne lui rappelle-t-il pas les départs puis les retours répétés de sa mère ? L'enfant vivrait donc, à travers ces jeux de répétitions, l'angoisse de la séparation et les retrouvailles avec ses parents. Un vrai sentiment de revanche devant les disparitions/réapparitions de la mère ! Quand nous, parents, sortons de son champ de vision, nous lui imposons certes nos absences, nos retours... Que peut-il faire, sinon les supporter passivement ? Avec ces jeux de répétition, en jetant l'objet puis en le reprenant, il affirme sa toute-puissance illusoire sur le monde et sur sa mère. Bref, il a l'intelligence de créer un jeu pour redevenir acteur et se consoler. Plus il jouera ces petits sketches à répétition, mieux il parviendra à apprivoiser son angoisse.

C'est ainsi qu'il passe du tâtonnement empirique à l'expérimentation mentale, de la découverte à l'invention, à la création. C'est l'âge de la mise en place des fondations du langage : apparition des mots, et surtout de l'art combinatoire. Il apprend maintenant, aux alentours de 20 à 24 mois, à prononcer ses premières phrases combinant deux ou trois mots. C'est alors qu'apparaît le langage articulé, trait d'union entre la vie du bébé et celle de l'enfant. Il affirme sa position bipède d'être humain, tout en entrant de plain-pied dans l'univers des grands.

Faire comme si...

Aux alentours de 18 mois, les enfants commencent à jouer à « et si », et à faire comme si. C'est ce qu'Alison Gopnik, psychologue et professeure de philosophie associée à Berkeley (en Californie) nomme la « pensée contrefactuelle[1] » – la pensée qui vient contredire les faits, la réalité, autrement dit l'imagination. Les bébés qui ne parlent pas encore sont capables, explique la psychologue, de faire semblant, de se peigner les cheveux avec un crayon, de s'allonger pour faire semblant de dormir, tout en pouffant de rire. Quelques mois plus tard, ils se mettent à détourner les objets de leur fonction usuelle – grande preuve d'imagination là encore : « Entre 1 et 2 ans, souligne Alison Gopnik, ils transforment à peu près tout en moyen de transport, du cube à la chaussure en passant par le bol de

1. Alison Gopnik, *Le Bébé philosophe, op. cit.*

céréales qu'on pousse par terre, par la simple vertu d'un "vroum vroum". »

Que sait-il faire ?

À 12 mois. Debout, il commence à trouver son équilibre, et à se baisser pour s'asseoir. Certains font leurs premiers pas.
– Côté motricité fine : la préhension devient très fine, aucun grain de riz ni aucune miette de pain ne lui échappe ! C'est le début des jeux de ballon : il est capable de le renvoyer en contrôlant son itinéraire.
– Il adore manger avec les doigts et feuilleter les pages d'un livre.
À 18 mois. Il marche sans être aidé, en se lâchant comme un seul homme, il réalise des prouesses physiques : escalader, glisser, courir – sans aucun sens du danger.
– Côté motricité fine : il empile deux cubes l'un sur l'autre. Il gribouille avec des crayons.
– Côté langage et sociabilité : il prononce 8 à 10 mots que les autres comprennent, répète les mots entendus au fil d'une conversation, dit « merci », « au revoir », « bonjour », quand on le lui rappelle. Il est capable de demander quelque chose en montrant du doigt, et observe une personne qui lui parle.

Entre 2 et 3 ans

Le changement est impressionnant, et pour cause : l'enfant est en train de passer de l'intelligence concrète à la pensée abstraite. Grâce au développement de la pensée symbolique, qui consiste à se représenter le monde – donc à symboliser un objet ou un modèle absent –, le langage prend de plus en plus d'importance dans sa vie. Qu'est-ce qu'un mot, sinon la représentation d'un objet absent ? Cette représentation imaginaire de l'absence est de fait le vrai signe de l'intelligence.

Loups, elfes, fées et princesses !

C'est l'âge où l'imagination prend son envol. Dès l'âge de 2 à 3 ans, les enfants passent une bonne partie de leur temps dans un monde de créatures imaginaires, de déguisements et de fausses identités. En effet, dans n'importe quelle crèche, ou goûter d'enfants, on peut être accueilli par de petites princesses ou des superhéros qui nous servent une tasse de faux thé ! Sans oublier le fameux « ami imaginaire », qui n'est ni un ami en chair et en os, ni un doudou en peluche, mais un copain totalement imaginé, auquel ils vont prêter des intentions, des traits de caractère bien spécifiques, et qui leur permettra, précisément, d'entrer dans la psychologie du personnage ! Car leur monde imaginaire est persistant et cohérent. Il est si cohérent que, comme le souligne le psychologue Paul Harris[1], les enfants sont très forts quand il s'agit de jouer les conséquences de leurs hypothèses imaginaires. « À 2 ans déjà, un enfant vous expliquera qu'un nounours imaginaire boit

1. Cité par A. Gopnik, *ibid.*

du thé imaginaire. Il en renverse ? Alors il faut impérativement passer la serpillière fictive sur le sol imaginaire ! » « Les enfants, poursuit l'auteur, sont très précis en matière de contrefactuels : si le nounours renverse du thé, il faudra une serpillière, mais s'il renverse du talc, il faut utiliser un balai. » Les enfants font donc semblant en y mettant tout leur cœur et toute leur intelligence. Mais contrairement à ce que Freud ou Piaget pensaient, à savoir que le petit enfant confond réalité et fiction, à 2 ou 3 ans ils savent très bien qu'ils font semblant. La meilleure preuve qu'ils font semblant ? En jouant, ils théâtralisent volontiers leurs propos, poussent leur voix vers les sons suraigus, ou pouffent de rire... Bref, ils en font trop. Mais ce jeu du « faire semblant » enrichit leur univers, leur permet de se glisser dans d'autres situations que celles qu'ils connaissent, et d'expérimenter d'autres psychologies, tout comme le fait un bon comédien ou un écrivain. Bref, d'apprendre, toujours et encore.

Tout comme maman !

C'est également à cet âge que les enfants développent franchement leurs capacités mimétiques, jouant à imiter leurs parents. Bricoler, passer l'aspirateur, enfiler les escarpins et baragouiner dans notre iPhone... C'est le règne absolu des jeux d'enfants fondés sur l'imitation : petite dînette, établi de menuisier... Ce « comme si », principe de base de bien des jeux d'enfants, va développer considérablement leur intelligence. Sans que l'on en ait vraiment conscience, ils épient le moindre de nos gestes, avec un plaisir évident. Cela n'est finalement qu'un développement de ce qui était déjà en germe chez le nourrisson. Car le bébé qui était un petit têtard dans le ventre de sa mère doit imiter pour s'adapter à ce monde bien compliqué. Mais à partir de 2 ans, il entre dans l'âge « imitatif » par excellence ; la période où, d'après la théorie de Jean Piaget, l'enfant entre dans sa capacité de symbolisation. Il est capable désormais de penser un objet absent – comme sa mère, par exemple. Grâce à sa maturation psychomotrice, il rejouera au « comme maman » en l'absence de sa mère. Et si ces jeux sont fondamentaux, c'est parce qu'ils vont l'entraîner à mentaliser les images, premier exercice de conceptualisation avant l'élaboration du langage. Mais l'imitation est également le signe qu'il se perçoit comme un être distinct de sa mère. C'est bien parce qu'il est différent d'elle qu'il peut jouer à l'imiter. À partir de 2 ans, il est en effet sorti de la période fusionnelle qui le pousse désormais à nous admirer et à nous imiter. Bref, si je joue à être la boulangère, c'est que je ne suis ni la boulangère ni le charcutier. À cette période de la vie, aux alentours de 2 ans, les parents sont des modèles à suivre pour ces tout-petits. S'ils s'approprient chaussures, rouges à lèvres et outils de jardinage, n'est-ce pas pour disposer de clés qui leur permettent d'entrer dans le monde des grands ? L'imitation est un formidable moteur pour grandir, et être poussé en avant. À force de jouer, disait le philosophe Vladimir Jankélévitch, on finit par devenir sérieux.

Il affine son intelligence sociale

À cet âge, il a vraiment conscience des liens « verticaux » (avec ses parents) et horizontaux (avec ses frères et sœurs). Ce cadre familial va l'aider à structurer l'éventail de ses relations sociales et des sentiments vis-à-vis des autres – qui vont de la connivence au respect de l'autorité. Un enfant de cet âge n'a plus besoin de la réassurance du cocon familial. Renfermé dans sa bulle, il risquerait le repli.

À 2 ans, que sait-il faire ?

Côté moteur. C'est un vrai zébulon. Il glisse, escalade, monte, se balance… Il danse au rythme de la musique et saute comme un petit fou sur le trampoline. Il monte et descend un escalier tout seul.
Côté motricité fine. Il est capable de boire avec une paille, et de se nourrir à la petite cuiller. Il construit des tours de trois ou quatre cubes, ouvre les placards, les tiroirs, les boîtes, attrape les casseroles (attention aux accidents domestiques). Il aime démonter les objets pour en comprendre le fonctionnement (attitude scientifique devant le réel) et développe une curiosité phénoménale.
Côté intelligence sociale. Il participe à la vie de famille et imite tout en regardant ses parents. Il adore se déguiser en pirate, en princesse, en fée, mais aussi en papa et maman. Il est capable désormais de consoler un ami qui a de la peine (donc de se décentrer de sa

bulle égocentrique), fait référence à lui par son nom, tout en utilisant le « je », le « moi ». Il développe des liens d'amitié, même si ses jeux s'effectuent encore « à côté » des autres plutôt qu'en réelle interaction. IL PARLE ! Il possède un vocabulaire de plusieurs centaines de mots, est capable de former des phrases de deux ou trois mots, pointe son nez, ses yeux, ses oreilles quand on le lui demande.

À partir de 3 ans : une intelligence interrogative

Avec le début de l'école maternelle, et de l'émulation au milieu de ses pairs, l'enfant développe à merveille sa curiosité intellectuelle – la fameuse « pulsion épistémophilique », désir de connaissance, que nous avons déjà évoquée. Cette pulsion est le moteur de son intelligence. Sa soif de connaissances est immense.

Le principe de causalité

À 3 ans, comme le souligne le psychologue Henry Wellman[1], l'enfant édicte des dizaines de phrases causales. « Je ne l'ai pas renversé hier parce que je suis gentille », « Je ne veux pas aller là-haut parce que j'ai peur »... Il commence aussi à comprendre

1. Enseignant-chercheur, docteur en psychologie, Center for Human Growth and Development, université du Minnesota.

les relations causales plus abstraites : « Les petits microbes rendent malades. » Cette relation de causalité est essentielle dans le développement de l'intelligence et de la curiosité. C'est ce qui lui permettra, aux alentours de 4 ans, de se poser les premières vraies grandes questions philosophiques : Qui suis-je, où vais-je ? D'où viennent les bébés ? Où va-t-on quand on est mort, et où étais-je avant de naître ? C'est l'âge du premier dessin d'intention et de représentation – « Je vais dessiner maman, je vais peindre papa » – qui ne soit pas un gribouillis dont on décide après coup qu'il représente bien sûr maman ou papa. Souvent, les enfants débutent par le « bonhomme têtard », pourvu de quatre bâtons (deux jambes et deux bras) : première représentation du corps dans l'espace, révélant une vraie capacité d'abstraction.

Il développe son contrôle interne

En découvrant l'intention, en anticipant, il devient aussi capable de refréner ses pulsions immédiates. Bref, le voilà apte au « contrôle interne », comme disent les psys. Un des exemples les plus éloquents nous est fourni par l'expérience de Walter Mischel (1960) sur la récompense différée. Le psychologue avait installé des enfants d'âge préscolaire devant deux marshmallows en leur expliquant qu'ils pouvaient choisir : manger un bonbon tout de suite, ou bien en avoir deux, à condition d'attendre dix minutes qu'il revienne. Les dix minutes semblaient interminables aux enfants, comme le révèlent les vidéos prises en l'absence de l'expérimentateur. On voit ces grands bébés se tortiller, fermer les yeux... Les plus jeunes cédaient à la tentation et avalaient le marshmallow. Mais entre 3 et 5 ans, ils parvenaient à mieux se contrôler. « Ces stratégies de contrôle exécutif, signe d'évolution de l'intelligence, sont aussi des mécanismes évolutifs puissants », signale l'auteur de cette étude. En effet... N'est-ce pas un grand pas en avant que d'avoir décidé d'attendre pour avoir plus et mieux ? Résister à l'immédiateté, aux pulsions, aux caprices, dans le but d'évoluer, de faire évoluer un projet... est l'une des vertus essentielles de l'intelligence humaine. L'animal ne fait que s'adapter et foncer vers son désir le plus immédiat. Âgé d'à peine 3 ans, le petit d'homme a déjà tout compris.

Côté intelligence sociale

Les enfants échangent vraiment entre eux, et les premières amitiés naissent, encouragées par ce premier grand cap qu'est l'entrée en maternelle. Autre évolution significative : ils sont capables de repérer dans le groupe les talentueux, les chefs, les experts et les autres. C'est donc toute l'organisation sociale qui se met déjà en route. Généralement, celui qui maîtrise le mieux le langage sera considéré comme « chef de clan ». On voit naître des amitiés de « collaboration » (enfants assis côte à côte à l'école), des amitiés d'identification ou de complémentarité – un petit réservé peut s'acoquiner avec un « fort en gueule »...

À 3 ans, que sait-il faire ?

Sur le plan moteur. Il monte les marches en alternant pied gauche-pied droit, ce qui témoigne d'une grande faculté de coordination.
La motricité fine. Il construit des tours de quatre à cinq cubes, feuillette un livre en tournant les pages une à une. De plus en plus habile, il apprend à se débrouiller tout seul pour s'habiller, manger, se laver. C'est l'explosion de l'autonomie !
Sur le plan intellectuel. Il se souvient de ce qu'il a fait hier, compte jusqu'à 3, il aime qu'on lui lise des histoires, nomme au moins une couleur correctement, sait comment utiliser les objets du quotidien.
Sur le plan du langage. Il construit des phrases de trois à cinq mots, pose de petites questions, connaît son prénom et son nom de famille.

Entre 4 et 6 ans : une intelligence complexe

Aux alentours de 4 ans, avec le développement de la pensée intérieure, tout est prêt pour que le jeune enfant s'interroge sur le monde. Déferlent alors des questions de petit philosophe : « Dis, où j'étais avant de naître ? » « Où va-t-on quand on est mort ? », avec une prédilection, toujours, pour le rapport de causalité : « Pourquoi on meurt ? » Cette intelligence essentiellement interrogative prouve à quel point il est curieux et avide de connaissance. C'est l'âge rêvé pour les histoires à messages, les récits imaginaires, qui ne sont pas uniquement le copié-collé de leur réalité. Le voilà prêt à affronter l'univers et l'universel, c'est-à-dire toutes les questions qui dépassent le cercle étroit de son petit moi et qui le font sortir du ghetto des peurs et de la solitude. Le jeu est, à cet âge, essentiel.

Découvrir les intentions de l'autre : le contrôle cognitif

Un peu plus tard, à 5 ans, l'enfant connaît un double défi : il doit à la fois s'adapter à la réalité – à travers l'apprentissage du langage – mais aussi apprendre à déjouer les pièges de cette réalité. C'est l'âge où il prend conscience que les adultes n'ont pas toujours raison. Il développe une fine compréhension des autres, de leurs croyances et des fausses croyances. Les psychologues l'ont constaté en proposant un petit jeu, celui de Maxi et de sa mère[1]. Le jeu consiste à présenter à l'enfant deux poupées (Maxi et sa maman), deux boîtes représentant deux placards (rouge et bleu) et un morceau de chocolat. Le scénario est le suivant : la maman de Maxi range le chocolat dans la boîte rouge, puis Maxi s'en va...

1. Janet W. Astington, *Comment les enfants découvrent la pensée*, Retz, Paris, 1999 ; et Anne-Marie Melot, Jacqueline Nadel, « Comment l'esprit vient aux enfants », revue *Enfance*, 1999.

En son absence, la maman (incarnée par la poupée) change de place le chocolat pour le placer dans le placard bleu. Quand Maxi revient, le psychologue demande à l'enfant : « Où Maxi va-t-il chercher le chocolat : dans le placard rouge ou dans le placard bleu ? » Ce n'est qu'à partir de 5 ans que les enfants sont capables de se mettre totalement à la place du petit Maxi et de répondre : « Il le cherche dans le placard rouge. » Cette preuve d'intelligence complexe est le signe que l'enfant prête son raisonnement à l'autre personnage. Encore une étape supplémentaire du « décentrage » de soi, qui le fait sortir de son propre égocentrisme et imaginer d'autres points de vue que le sien. C'est ce qui permet alors à l'enfant de dire : « Les gens croyaient que le bossu était méchant à cause de sa bosse, mais en fait, il était gentil ! » Il commence à évaluer quelle est la part de la pensée juste et de la fausse croyance. Cette distanciation d'avec le réel, d'avec lui-même, se révélera également dans le développement de son sens de l'humour. C'est à cet âge que l'on commence à entendre de vrais petits Woody Allen...

Il découvre le mensonge

Nul ne l'ignore, l'élaboration d'un mensonge est le signe d'une intelligence... machiavélique ! Trop jeune ? L'enfant ne peut pas tenir cette fausse vérité, et il échoue invariablement. Plus âgé, il peut « tenir » son mensonge, qu'on le regrette ou non ! Revenons encore aux expériences américaines.

Découvertes existentielles

Il est capable à cet âge de comprendre l'inéluctabilité de certains processus. Dont la mort. Certains psychologues japonais[1] se sont aperçus qu'aux alentours de 5 ans, les enfants développent une théorie causale vitaliste de la biologie. Pour eux, la vie est proche du Chi asiatique, force vitale unique qui peut disparaître et ne jamais revenir. Ils savent désormais qu'un animal qui meurt n'a pas changé d'adresse ou de maison – mais qu'ils ne le reverront plus.

Côté intelligence sociale : vers 5-6 ans ils peuvent débuter des amitiés de longue durée – qui dureront jusqu'au lycée ! Les jeux s'enrichissent de scénarios beaucoup plus élaborés. Entre 5 et 6 ans, les jeux d'imitation sont l'occasion d'une répétition de tout le jeu social auquel ils vont participer plus tard. Les « Barbie parties » ou les parties de Petshop à plusieurs, quand il ne s'agit pas de jouer à la maîtresse, permettent aux petites filles d'expérimenter les relations sociales (« Je sors faire du shopping », « Je vais au travail », « J'embrasse mon amoureux », « Je m'habille pour le soir, j'enfile ma robe à paillettes »). N'en déplaise aux féministes, ces jeux sont souvent caricaturaux ! Les garçons, eux, font équipe autour du garage Playmobil...

---

1. Alison Gopnik, *Le Bébé philosophe, op. cit.*

À 4 ans, que sait-il faire ?

– Il descend les escaliers en se tenant à la rampe.
– Il sait classer les objets par formes et par couleurs.
– Il dénombre jusqu'à 5.
– Il peut suivre trois consignes en même temps : tu vas me dessiner au centre de la feuille avec trois feutres de couleurs ; prendre les gommettes rouges et bleues, et coller les rouges sur les oiseaux, les bleues sur les arbres...
– Il possède un vocabulaire riche et étendu.
– Il connaît son âge et la ville dans laquelle il habite.

À 5-6 ans ?

– Il est capable de relier les sons entre eux, puis les mots et les phrases. Ces signes abstraits commencent à avoir du sens pour lui. Bref, il est prêt à lire.
– Il possède un vocabulaire riche et étendu : il passe de 25 mots à 2 ans à 2 500 mots à 6 ans, soit l'acquisition en moyenne d'un à deux mots par jour.
– Il maîtrise l'espace, il fait ses premiers pas seul dans la rue, peut aller chercher le pain.
– Il sait se repérer dans le temps : dans une heure, aujourd'hui, hier, demain.
Sur le plan psychomoteur. Il maîtrise suffisamment sa coordination et ses gestes pour faire du vélo sans petites roues (tenir droit le guidon avec les bras, pédaler avec les pieds, regarder droit devant lui).
– Ses parents sont toujours ses modèles, ses héros. S'ils ne donnent pas le bon exemple, il exige des explications ! Bref, il est animé d'un sens de la justice.
– Il accepte les règles, à condition qu'elles soient les mêmes pour tous.
– Il déteste décevoir et sent déjà peser sur lui l'exigence de réussite scolaire.

2

BÉBÉ PRÉCOCE, QUI ES-TU ?

> « À l'âge de 1 an et demi, elle parlait à la perfection et connaissait autant de mots que les adultes[1]. »

> « Ne dit-on pas que les abeilles tournaient autour de la bouche de Platon quand il n'était qu'un enfant ? Elles savaient que ses paroles étaient comme du miel[2]. »

Matilda est un délicieux roman, dans lequel l'héroïne, une fillette haute comme trois pommes, fait preuve de capacités intellectuelles extraordinaires. À 4 ans, elle dévore Dickens, avant d'engloutir voracement tous les livres de la bibliothèque municipale... pendant que ses congénères en CP en sont encore à déchiffrer B + A égale BA. Ce petit chef-d'œuvre d'humour et d'intelligence, signé Roald Dahl, a beau être une fiction, il met en scène tous les « gimmicks » des petits surdoués, leurs talents, leur solitude, leur mise à l'écart, l'amour des

---

1. Roald Dahl, *Matilda, op. cit.*
2. Arielle Adda, *Le Livre de l'enfant doué, op. cit.*

adultes. Sans oublier l'inquiétante étrangeté qu'ils ne manquent pas de susciter chez leurs proches.

Tout commence par la naissance de la fillette dans un milieu rustre, hostile. Matilda doit supporter des parents incultes et irrespectueux de sa propre personne. Bien qu'il s'agisse, Dieu merci, d'une fiction, et qu'un enfant surdoué naisse la plupart du temps dans un environnement bienveillant et aimant, Roald Dahl souligne là le décalage qui peut advenir entre parents et enfants. Les parents peuvent ressentir un sentiment d'étrangeté face à cet enfant extraordinaire ; quant à l'enfant, il peut se sentir exclu de la sphère familiale. « Quelle petite fille étrange », ne manquent pas de s'étonner les proches de Matilda. N'est-ce pas ce que ressentent nombre de parents de petits précoces ?

Nous verrons au fil des témoignages à quel point, à peine sortis du ventre maternel, déjà plantés sur la terre, les tout-petits sont, à proprement parler, sidérants.

Naissance d'un surdoué : caractéristiques des bébés précoces

Naît-on surdoué ? Le devient-on ? Nous ne nous lancerons pas dans une discussion interminable sur la part de l'inné ou de l'acquis dans le développement de l'intelligence. Nous savons que, en partie héréditaire, l'intelligence est merveilleusement stimulée par l'environnement et l'interaction avec les autres. Que les plus beaux potentiels peuvent s'étioler si l'on ne les « porte » pas, si on ne les nourrit pas. Et que les intelligences moyennes peuvent s'épanouir dans des milieux stimulants. Mais que se passe-t-il avec les tout-petits ? Les bébés de quelques mois ? Peut-on réellement distinguer les bébés doués des autres ? Avant de nous lancer dans cet ouvrage, nous nous sommes interrogées : existe-t-il des indices, comme un jeu de piste, qui permettent de prouver que certains bébés peuvent être qualifiés de surdoués, précoces, ou « à haut potentiel » ? La réponse est « oui ». Elle se décline en quelques mots : fulgurance, rapidité, hypermnésie, sixième sens...

Attention : si certains bébés exceptionnels expriment tous les talents dont nous allons parler, la grande majorité d'entre eux n'en manifesteront que deux ou trois. Certains petits seront d'abord plutôt « moteurs », d'autres plutôt cérébraux, certains révéleront des dons incroyables en dessin, d'autres en natation... La plupart du temps, chez eux aussi le développement n'est pas tout à fait homogène : ils peuvent manifester leur précocité sur le plan du langage, tout en n'apprenant à marcher qu'à 13 ou 14 mois... Chez d'autres ce sera l'inverse.

Une chose est certaine : tous les petits surdoués sont dotés très tôt d'une pensée dite « en arborescence », fondée sur une série d'associations et de ramifications, et ne fonctionnant pas par méthode.

Il suffit pour cela d'imaginer un tronc d'arbre donnant naissance à des branches maîtresses, puis secondaires, puis de plus en plus petites. La pensée en arborescence circule ainsi, très vite, de façon extrêmement fluide, contrairement à une pensée plus méthodique. Ils ont une intuition fulgurante, une compréhension parfois immédiate et toujours très rapide du réel. Et cette pensée se fait jour bien avant le langage.

Quand on interroge les mères d'enfants précoces, on obtient à peu près toujours cette réponse : « Il était différent. Stupéfiant. Il m'a sidérée. » Un peu comme Harry Potter doué de talents de sorcier avant même de savoir parler, le petit précoce montre déjà des signes particuliers que nous pouvons décoder. Il est là, dans sa petite salopette, lavé de frais, souverain, sage, le pouce dans la bouche, il observe... Il ne parle pas encore, mais semble pourvu d'antennes ; d'une forme d'hypersensibilité qui le branche d'emblée sur l'intelligence du monde, le désir de comprendre. Il est doté d'antennes, oui, particulièrement « éveillé », et c'est ce qu'on lit dans son regard.

Vous avez dit éveil ?

« Tonique », « éveillé »... Quand un pédiatre examine un bébé, en lui tendant les doigts pour qu'il s'y agrippe, en fixant son regard, en appréciant sa tonicité musculaire, il en conclut souvent, avec un sourire satisfait, que Sarah, ou Félix sont « bien éveillés » pour leur âge. « Bien éveillé » peut, dans ce contexte, se comprendre au sens propre et au sens figuré, tant il est vrai que le petit précoce connaît des phases d'éveil plus marquées. Depuis les études de Monod et Curzy-Dascalova, nous savons que dès la naissance les bébés surdoués connaissent des phases d'éveil calme et durable (supérieur à huit minutes comparé à une moyenne de quatre à cinq minutes chez les autres). Cet « état d'alerte » supérieur aux autres, associé à une sensibilité extraordinaire, pourrait être le point de départ de l'avance des petits précoces. Leur « avance au démarrage », en quelque sorte, sera le point de départ d'une progression exponentielle – et non linéaire.

Un certain regard

C'est la qualité du regard, qui, au premier abord, déconcerte et met la puce à l'oreille des parents. « À 3 mois, il avait déjà un regard étonnant », confie Albertine, maman de Damien, qui a été diagnostiqué comme surdoué à l'âge de 6 ans. « Son regard se promenait de droite à gauche et nous fixait, dans les yeux, comme s'il nous posait déjà une première question. » Sophie, elle, va jusqu'à qualifier ce regard d'« inquiétant », de « scrutateur », de « transperçant »... D'autant plus qu'elle et son mari étaient parents adoptifs. « Je me sentais évaluée, scrutée, par ce bébé de 3 mois ! Il nous regardait, comme s'il s'interrogeait et nous interrogeait sur notre qualification, sur nos compétences de parents. Nous n'avons pas ressenti la même chose avec notre fille, Lou, adoptée un an après. » Ce regard témoigne-t-il déjà d'un embryon de pensée – ou bien d'un questionnement intérieur ? Chez les psychologues, c'est ce qui apparaît en premier lieu. Et dans les crèches aussi : on peut reconnaître ces bébés si particuliers au fait qu'ils ne se lancent pas comme les autres dans l'arène, ils ne se précipitent pas pour crapahuter. Mais ils observent, finement, en tétant parfois leur pouce, ce qui se passe devant eux. « C'est ce que Nathalie, l'auxiliaire de puériculture, me disait de Théophile quand il avait 6 mois », raconte Sophie. « Il observe, il "scanne" la scène, il tente d'analyser. Puis quand il a bien compris le fonctionnement de la scène, le jeu entre les participants, soudain, il se lance. » Serait-ce une forme d'intelligence intuitive de la gestion du risque ? Analyser la situation et les risques avant de se jeter dans l'aventure est certes un signe d'intelligence proprement humaine. N'est-ce pas ainsi que l'homme a su s'adapter au milieu, au mouvement, et sortir plus fort de sa confrontation avec le réel ? Nous verrons un peu plus tard à quel point ces premiers mois d'analyse, de « pseudo-attentisme », d'accumulation d'informations joueront dans l'acquisition précoce du langage, de la logique numérique et de la connaissance du réel. Car derrière ce regard perçant, ça travaille, ça cogite. Sur le plan perceptif et cognitif, toute sa sensorialité, ses sens et ses perceptions (épidermiques, tactiles, gustatives, olfactives, auditives et visuelles) apparaissent à fleur de peau et révéleraient des mécanismes internes très développés et une réceptivité importante. Bref, ils sont hyperréceptifs. Leur intuition fonctionne comme un sixième sens. Résultat : ces enfants, d'après la psychologue Irène Lézine[1], sont impressionnants. Ils atteignent les stades maximaux de l'intelligence sensorimotrice (0-24 mois) avec deux mois d'avance. Leur pulsion de la connaissance intervient très tôt aussi. Ils épuisent leur entourage à essayer de comprendre le monde – que ce soit par le démontage d'objets ou le questionnement incessant !

L'éveil de tous les sens

Derrière ce regard, les pensées bouillonnent. L'éveil des sens est, chez eux, la porte ouverte vers l'intelligence du monde. Le petit surdoué est curieux, avide d'apprendre. Dès les premiers mois, toute son intelligence, tous ses sens sont en alerte – ce dont tous les parents témoignent. Le moindre bruit, la petite lumière, et, plus étonnant, une odeur particulière. Tout cela les arrête – ce que l'on peut

1. Irène Lézine, *Le Développement psychologique de la première enfance*, PUF, 1971.

lire dans leur fameux regard interrogatif. Dans leur hypervigilance.

« J'ai perçu très rapidement une grande différence entre Gaspard et Hadrien », se souvient Philippe, ingénieur de 37 ans. « Hadrien, mon petit "numéro 2" est né totalement vigilant. Quand un bruit survenait dans la maison, que ce soit le batteur à œufs à l'autre bout de la cuisine, ou bien l'aspirateur, il s'arrêtait, à l'affût, comme un félin. J'entends encore le bruit de la succion s'arrêter, son regard, vaguement inquiet, m'interroger. Il s'arrêtait de téter, détournait la tête, supervigilant. Puis, une fois calmé par ma voix, et incité à continuer, il reprenait calmement son biberon. Cela m'amusait. Avec Sidonie, ma femme, nous nous faisions la réflexion qu'il était doté d'un œil de lynx et d'une ouïe de prédateur. Et que, avec de telles armes, il irait loin ! J'étais loin de penser, à l'époque, que cela pouvait être un signe précurseur de "surdon". Mais je n'ai jamais connu cela avec Gaspard, mon aîné, qui, lui, était comme un "tank". Rien n'entamait sa tranquille assurance. Personne ne pouvait l'empêcher de finir son biberon ! Il était tout entier dans une occupation. » Acuité auditive, acuité visuelle. Plus tard, quand ils ont acquis la parole, les grands bébés peuvent surprendre leurs parents par leurs découvertes du monde. Ainsi, Sophie, maman de Côme, diagnostiqué surdoué à l'âge de 5 ans avec un QI proche de 150, a-t-elle été sidérée par les capacités sensorielles de son fils. « À la campagne, il percevait le coassement des grenouilles et des crapauds, au loin. À Paris, il entendait le moindre bruit d'avion dans le ciel, ce que nous ne percevions absolument pas. Il agitait sa petite main, pointait du doigt la fenêtre, et s'écriait : "Vion, vion !" »

Une tête de vache miniature

Dans cette fête de tous les sens, la vue n'est pas oubliée. Un sens qui, par moments, semble proche d'un don de double vue. « Alicia, raconte sa maman, a toujours eu un sixième sens stupéfiant. Elle voyait ce que, moi, je ne voyais pas ! » Un tout petit détail d'un tableau, par exemple, voire... un lampadaire particulièrement recourbé, qui va retenir leur attention pendant qu'ils se promènent en poussette ! À la fois contemplatifs, observateurs, ils semblent ne pas se lasser de ce qu'ils voient. Peut-être parce qu'ils débusquent, derrière les apparences, tout un monde qui les passionne. Ces grands observateurs peuvent passer de longues minutes, même tout petits, à regarder, contempler, observer, et peut-être digérer ce qu'ils voient. C'est ce qui les conduira à éprouver des sentiments plus intenses, plus violents ; à vivre cette fameuse hypersensibilité.

« Paul pouvait rester de très longues minutes à observer, le pouce dans la bouche, dans le jardin, ou bien derrière la vitre, le mouvement des nuages dans le ciel, confie Béatrice. Tous les changements des nuages semblaient se refléter dans ses yeux. Craignant qu'il ne s'ennuie, je venais à ses côtés, et je commentais : "Regarde, on croirait voir un Père Noël, c'est une barbe, c'est un zèbre..." Et puis, à un certain moment il me faisait un petit signe las de la main, comme si je le gênais. Alors je le laissais tout seul. J'avais l'impression qu'il pouvait déchiffrer tout seul ce qui se passait dans le ciel. »

Savent-ils déchiffrer sans l'aide des parents ? Sans doute pas tous. Mais ces bébés semblent doués d'une forme d'intelligence que l'on pourrait qualifier de « métaphorique », capables de saisir la réalité, mais aussi la richesse symbolique du réel. L'intelligence métaphorique ? C'est ce don de double vue qui vous fait, précisément, repérer dans le ciel ce qui ressemble à un bouquet de fleurs, à une tête d'ours. C'est une intelligence « créatrice d'images ». Béatrice, encore elle, nous confie cette scène amusante. « Quand il avait 2 ans, Paul était passionné par un petit livre *De la petite taupe qui voulait savoir qui lui avait fait sur la tête*[1]. Il était question, comme on l'imagine, de crottes d'animaux de différentes provenances. La première fois, Paul n'a pas desserré la bouche – ça semblait ne pas le faire rire. Et puis, vers la fin de l'histoire, soudain, il s'est mis à hurler de rire. Je lui ai demandé : "Sais-tu pourquoi ça te semble drôle ?" J'imaginais qu'il allait me répondre que c'était drôle de

1. Werner Holzwarth, Wolf Erlbruch, *De la petite taupe qui voulait savoir qui lui avait fait sur la tête*, Milan, 1993.

voir le catalogue des différents cacas d'animaux. Mais il m'a répondu, en pointant l'index sur une photo : "Je ris parce que le caca, là, il ressemble vraiment à une tête de vache miniature." Et c'était juste : il avait une tête de vache miniature. » Cette histoire est révélatrice du caractère singulièrement précoce de ce grand bébé. D'une part parce qu'il n'a pas le sens de l'humour du *vulgum pecus* de la plupart des enfants de cet âge, et d'autre part à cause de cette intelligence métaphorique du réel.

« C'est du basilic ! »

Double vue, ouïe perçante. Certains bébés sont dotés d'un sens olfactif et gustatif hors pair : encore un signe d'un éveil hors du commun. Encore une porte d'entrée vers l'intelligence. « Côme, à 2 ou 3 ans, il connaissait toutes les épices, du cumin au basilic en passant par le thym ou les herbes de Provence, raconte Sophie. Un soir, nous sommes allés dîner chez une amie israélienne, qui nous a mitonné un bon petit plat. Côme a stupéfié toute l'assemblée en décrivant ce qu'il sentait : le basilic, le thym ! »

Grâce à leurs cinq sens, ils « impriment » beaucoup plus vite, comme s'ils « flashaient » une information sans qu'elle ait besoin de passer par la moulinette de l'intelligence et de la cognition. Pour ces bébés surdoués, nul besoin de GPS. Ils ont « flashé » le chemin, même à quelques mois.

Leur mémoire semble fonctionner comme un appareil photo. Mémoires auditive, tactile, olfactive. Ou bien visuelle, comme celle d'Isabelle. Toute petite, elle a gardé l'image d'une boîte métallique carrée, remplie de feuilles de gaze imbibées d'un produit huileux, que l'on appliquait sur le dos de son père, après ses séances de radiothérapie. Elle n'avait que quelques mois à l'époque. Ces souvenirs-traces extrêmement précis opèrent parfois un « come-back » inattendu, comme un flash, au cours d'une séance de psychothérapie. L'adulte revit avec une intensité folle le parfum d'un lieu, d'une personne aimée, d'une mère ; odeurs de la petite colle blanche, de la pâte à modeler vanillée, d'un gâteau au four, d'une marque de bonbons, odeur du pont d'un bateau salé sous le soleil africain pour d'autres. Autant de fragrances captées au vol pendant l'enfance, « flashées » comme avec un radar, et qui lui sont soudainement restituées dans leur intégralité. Tout le monde a vécu ces expériences sensorielles, certes. Mais il semble que, chez les petits précoces, cela soit encore plus marqué. Mémoire sensorielle d'un linge frais, d'une douceur, d'une rugosité. Ce sont des petites madeleines de Proust prêtes à resurgir un jour ou l'autre, à la faveur d'un « flash mnésique », qui peuvent apporter bonheur mais aussi inquiétude ou angoisse.

L'enfant précoce enregistre et mémorise à partir de tous ses sens. En revanche, tout petit, sa mémoire n'en est qu'à l'état brut et peut avoir besoin d'une sorte de « déchiffrage ultérieur ». Françoise Dolto préconisait que l'on parle à l'enfant quand bien même il ne semble pas encore prêt à comprendre. Nous développerons ce point dans le chapitre suivant.

Le Petit Poucet

Certains Einsteins en culottes courtes disposent, eux, d'un tout autre don : un sens de l'orientation sidérant. Est-ce parce que, chez eux, la latéralité est mise en place précocement, autour de 30 à 46 mois ? Pas uniquement. Tout débute encore plus tôt, au moment de l'installation de cette fameuse mémoire photographique dont nous avons parlé. « Tout petit, Paul dans sa poussette m'indiquait le chemin à suivre avec sa main, d'un air impérieux », confie Béatrice, sa mère. « Cela va vous paraître incroyable, mais il était âgé de 8 à 10 mois. Je me souviens encore, c'était comme si j'étais guidée par une figure de proue, j'avais l'impression de suivre le mouvement. Il faisait "hmm hmm", puis m'indiquait la droite, puis la gauche... » Bien sûr, les capacités extraordinaires de Paul à se repérer dans l'espace proviennent aussi de sa mémoire extraordinaire : « L'été dernier il m'a également donné un signe de sa mémoire sidérante des lieux. Nous étions chez ma tante, dans un lotissement où toutes les maisons se ressemblent. Il fallait bifurquer sur une grande nationale, et chaque fois je me trompais de rue. Mais l'été dernier Paul m'a indiqué le chemin, en me montrant le seul lampadaire recourbé, sur la route. C'était là qu'il fallait tourner. »

Une intuition extraordinaire

Les petits précoces semblent parfois doués d'un sixième sens étonnant.

Tout comme Matilda, dans le roman de Roald Dahl, capable, rien qu'avec un peu de concentration, de déplacer les objets devant elle. Même si tous n'ont pas, loin s'en faut, ce talent de médium et de télékinésie, d'autres brillent par leur intuition étonnante : « Joséphine est la quatrième de mes enfants et la petite dernière », raconte Élisabeth, jolie quadra. « Dès qu'elle s'est mise à parler, vers 18 mois, elle nous disait des choses très étonnantes, devinant parfois ce à quoi nous pensions... Cet été-là, poursuit Élisabeth, en vacances en Bretagne, je pensais 24 heures sur 24 à un homme qui me hantait littéralement, et qui me "baladait", de sms en sms. La plupart du temps, je me sentais absente, obsédée par cet homme, totalement ailleurs. J'avais le sentiment que Joséphine le sentait immédiatement. Elle me tirait par la manche, m'emmenait au loin, me demandait d'aller à la piscine. Un jour, alors que j'étais perdue dans mes pensées, elle m'a regardée et m'a lancé : "Les fantômes, maman, ça n'existe pas." J'ai trouvé ça extraordinaire. Elle ne connaissait pas cette histoire, mais elle avait repéré que j'étais hantée par quelqu'un qui n'était en effet qu'un fantôme sans consistance ! » Nous ne nageons pas en pleine science-fiction. Mais, parce qu'ils sont très intuitifs, intelligents, et très jeunes (donc dans une relation fusionnelle avec leurs parents), les petits précoces sont animés d'une intuition étonnante, intuition qui risque de disparaître avec le temps, quand ils seront amenés à développer leur « cerveau gauche » et leur rationalité. En attendant, nombre de parents confessent, parfois à demi-mot, ce sentiment un peu étrange. Que cela soit de l'ordre du fantasme ou de la réalité, il est intéressant de le souligner. Ces bébés ont des compétences hors du commun.

De l'hypersensibilité à l'hyperémotivité

Malgré leurs qualités extraordinaires, ils ne sont pourtant pas des plus simples à éduquer. Il semble justement que l'exacerbation de leurs sens les pousse à éprouver la moindre émotion, la plus petite irritation, à la puissance cent. Sur Internet, les forums dédiés à la maternité et aux bébés ont vu, assez récemment, la naissance d'un nouvel être : le BABI, Bébé aux besoins intenses ; des petits êtres qui réclament les bras en permanence, ont besoin d'une présence assidue, font preuve d'une hypersensibilité dans tous les domaines. Certes, les enfants n'ont pas besoin d'être déclarés « précoces » ou « à besoins intenses » pour être sensibles. Tous les enfants, sans exception, sont par définition des êtres délicats, et à éduquer avec précaution. Françoise Dolto ne préconisait-elle pas de les traiter « comme des hôtes de marque » ? Reconnaissons que les petits surdoués se démarquent par une hyperémotivité hors du commun. Hypersensibilité, hyperémotivité qui sont en quelque sorte leur talon d'Achille. « Paul a toujours été hyperémotif, hypersensible, raconte Béatrice. Je me souviens de ses pleurs pour ce qui me semblait être une broutille, une lumière allumée alors qu'il venait de se réveiller dans son berceau, un petit bruit, un visage qui ne lui semblait pas familier. Et c'étaient vraiment des pleurs à très chaudes larmes. » Le bébé ressent de la colère à être interrompu dans ses activités, dans la relation positive dans laquelle il est installé au moment de l'arrivée du parent et il ressent de plus une colère liée au sentiment d'abandon que le départ de ce parent lui a fait vivre auparavant. Ces bébés sont des « éponges émotionnelles », hypersensibles aux intonations de la voix, qui perçoivent bien la colère, la joie, l'excitation et même l'anxiété de l'autre. Difficile pour une maman de cacher ses émotions quand elle tient son bébé dans ses bras !

Leurs débordements d'émotions parfois, vis-à-vis des autres, les conduisent à adopter des réactions paradoxales. Ce sont des bébés qui risquent de taire et d'inhiber leurs émotions par crainte d'y faire face. Certains vont, plus que d'autres bébés, « jouer les indifférents » quand on vient les chercher à la crèche ou à la garderie. En réalité, ça n'est pas un jeu : ils évitent par un surcroît de flegme de se confronter à la violence de leur émotion – celle des retrouvailles.

Il détournait la tête

« Avec Théophile, nos séparations et nos retrouvailles ont toujours été assez compliquées », raconte Virginie, sa maman. « Un été, nous sommes partis à Dinard, au bord de la mer. Quand je m'absentais pour aller nager à la piscine, ou dans la mer, et que je le laissais à la garde de son père, tout se passait bien. Je lui disais au revoir avec un petit signe de la main. Mais quand je revenais, une heure plus tard, avec un seul désir, celui de le serrer dans mes bras, il détournait ostensiblement la tête vers son père. Comme si je lui faisais non pas horreur – Virginie rit – mais comme si je le dégoûtais ! Je pensais au début que c'était parce que j'avais les cheveux mouillés. Mais nos retrouvailles ont toujours évolué sur ce mode-là. » Laurence a vécu, elle, à peu près la même chose à son retour des États-Unis : « Élias avait tout juste 3 ans, quand je suis partie trois semaines dans le Connecticut pour mon travail, en plein mois de septembre. Mon mari et Élias sont venus me retrouver à l'aéroport. J'étais épuisée, avec le décalage horaire, c'était la première fois que je partais aussi longtemps, aussi loin. Mais j'avais terriblement hâte de serrer mon petit garçon contre moi. Eh bien, il a refusé que je le prenne dans les bras ! Il se tortillait, il tendait ses petits bras vers son père. J'ai compris bien plus tard que, loin de m'en vouloir, et de me bouder, il se protégeait de ses propres émotions. Il se "blindait", en quelque sorte pour éviter de crier, de hurler, peut-être d'avoir un sentiment confus qu'il allait se mettre à "imploser" ou à "exploser". » Laurence a raison. Les émotions paradoxales et violentes qui font assaut chez ces très jeunes enfants les perturbent. Ils ne les comprennent pas. Ils cherchent, comme tout enfant, à s'en protéger. Autant d'enfants, autant de stratégies différentes ! Certains vont trépigner, en se fourrant les poings dans la bouche, ou bien pleurer de manière inconsidérée, à moins qu'ils ne filent à l'autre bout de l'appartement, ou refusent mordicus de voir leur meilleur copain de crèche ! « Cela m'est arrivé l'autre jour à la piscine », confie Laure, maman de Léonard. « Nous avions organisé sa toute première "sortie piscine" avec une petite copine de la crèche, Iris. Il m'en parlait depuis trois jours, me demandait quand avait lieu la sortie. Et puis, le jour J, dans les douches, quand il a vu Iris sortir de la douche des filles, et se diriger vers le bassin, il n'a plus voulu y aller. »

Intolérants aux frustrations

Bébés compliqués, bébés ingérables ? Une constante, de la part de ces petits hypersensibles : ils sont également intolérants aux frustrations surtout si elles ne sont pas accompagnées d'une parole de l'adulte. Comme si tout ce qui n'arrivait pas suffisamment vite dans leur périmètre et leur champ de vision était insupportable !

Est-ce parce que, déjà, ils « carburent », qu'ils réclament une vitesse d'exécution au-dessus de la moyenne ? Tout doit leur parvenir plus vite : le biberon, le doudou, la tétine, le livre... puis, plus tard, la réponse à une question. Cela se comprend dans le décalage entre la rapidité de la pensée et la lenteur d'exécution du geste due à l'immaturité. Ça doit aller aussi vite que dans la tête ! « Si ça n'arrive pas en temps et en heure, alors c'est la grosse crise de rage, confie Sophie. Quand Côme, à 6 ou 8 mois, tendait la main vers un objet, il le lui fallait immédiatement. » Cette réaction, surtout aux alentours de 2 ans, lors du fameux « *terrible two* », entre 18 et 36 mois, au moment où ces grands bébés ont conquis un peu d'autonomie et qu'ils veulent souligner qu'ils ont une volonté propre ! « Il a un problème énorme de gestion de ses émotions », constate Béatrice, maman de Paul. « Il trépigne, il devient rouge, il lui faut immédiatement ce qu'il demande. »

Certains enfants précoces sont tout à fait capables d'entendre raison et d'accepter ainsi d'attendre.

L'essentiel est bien sûr la parole de l'adulte ! Si l'adulte explique, met des mots sur la situation et l'intention, le bébé précoce est capable de s'adapter. Je repense toujours avec émotion à la jeune maman qui m'a dit un jour : « Le premier mot que mon petit garçon a su dire c'est "attends" ! »

De tout petits dormeurs

Anxieux ? Oui, certainement. Cette anxiété n'est pas sans lien même dès le plus jeune âge avec le décalage inévitable entre la maturité affective et la maturité intellectuelle. L'enfant comprend, établit des liens, anticipe, mais n'a pas la maturité affective pour gérer une situation qu'il juge dangereuse pour lui.

L'étude du sommeil des enfants précoces a démontré que ceux-ci gardaient très longtemps un sommeil profond semblable à celui du tout-petit. En outre, leurs besoins en la matière sont différents de ceux d'autres enfants. Ils dorment moins longtemps sans être fatigués. Rien ne sert de les obliger à dormir ou de les « scotcher » à leur lit pendant la sieste. Certaines mamans soucieuses d'appliquer les préceptes de leur propre mère ou de suivre les conseils des copines ou des guides de puériculture se mettent ainsi en échec. Car ces petits Einsteins ont souvent un mal fou à s'endormir, comme ces adultes qui « pensent trop », des insomniaques nés ou des « petits dormeurs ». Eux sont de mauvais coucheurs ! Sur un forum consacré aux bébés surdoués, Coccinelle s'exprime ainsi : « Il a parfaitement parlé à 20 mois. Mais il dormait mal (très, très mal). À 15 mois, il nous réveillait encore plus de dix fois par nuit, incapable de se rendormir seul. C'est à 5 mois qu'il a commencé des cauchemars et terreurs nocturnes, même si le pédiatre nous disait que c'était impossible à cet âge... »

Des bébés que l'on berce pendant des heures, que l'on promène en poussette ; des bébés qui ont un mal fou à se rendormir seuls, une fois qu'ils sont réveillés. « Combien de fois je me suis allongée près de lui, en lui prenant la main, pour qu'il se rendorme, soupire Céline. Et combien de fois, au moment où je quittais la pièce, entendais-je : "Maman, maman, reste avec moi !" »

D'où l'importance, comme nous le verrons au chapitre suivant, de mettre en place très vite une stratégie et des rituels d'endormissement.

Des acquisitions hyperrapides

Contrairement aux idées reçues, ces bébés sont également en avance sur le plan moteur. Plus toniques, ils s'assoient avant les autres et passent souvent de la position assise à la marche, sans passer par la case « quatre pattes ».

Un suivi longitudinal de 7 000 enfants à haut potentiel, dès leur naissance, a mis en évidence une avance des acquisitions posturo-locomotrices (station assise, station debout, marche rampante, marche à quatre pattes, etc.) – une avance d'un à deux mois sur les autres bébés.

Ces enfants peuvent ainsi rapidement acquérir un bon niveau de coordination, qui va en quelque sorte développer une autonomie de mouvements. Étape importante, car ils vont pouvoir gérer eux-mêmes leur désir d'explorer le réel – en particulier la fameuse coordination œil-main. Cet objet m'intéresse ? Je vais l'attraper, je le regarde, je le porte à ma bouche. On voit alors à quel point une certaine avance dans la coordination est un point de départ important vers la connaissance, développant une sorte de « cercle vertueux ». Une avance, au départ modérée, peut, par effet « boule de neige », mener à une différence de plus en plus importante entre les bébés précoces et les autres.

Ils zappent certaines étapes

Ce que nous confirme Catherine, maman de Basile. « À 9 mois et demi, il s'est lâché et s'est mis à marcher ! Comme ça, d'un moment à l'autre. » Pour Marine, dont la fille a été diagnostiquée « très précoce », avec un QI de près de 160, c'était encore plus impressionnant. « Céleste a marché à 12 mois, un âge classique pour l'acquisition de la marche... Mais le jour où, sur le plan moteur, elle m'a littéralement sidérée, c'est sa façon d'apprendre à nager. Nous étions au bord de la piscine, en vacances, à l'île de Ré, et soudain – elle n'avait que 4 ans – elle m'a demandé de lui retirer ses brassards. Sur le bord de la piscine, avec mon mari, nous nous sommes mis à sourire. "Mais, chérie, tu n'as jamais appris à nager ! – Je sais nager", nous a-t-elle répondu. Nous lui avons donc retiré les brassards, et elle, si fine et pas très forte, s'est mise à nager sur toute la largeur de la piscine sous notre regard angoissé ! La brasse n'était pas celle de Laure Manaudou, mais elle y est arrivée ! Le jour où, à 3 ans et demi, elle nous a demandé également de retirer les petites roues de son vélo, elle n'a pas eu besoin de nous pour tenir le guidon et la selle. Elle avait parfaitement étudié les mouvements effectués par sa sœur aînée Cléophée. Et au moment où on les lui a retirées, elle a roulé sans – presque – une seule chute ! »

Vitesse de traitement

L'avance des petits surdoués sur le plan cognitif et intellectuel est bien connue aujourd'hui. Nous savons que l'information sensorielle parvient au cerveau de l'enfant surdoué avec une grande rapidité. Les travaux sur le fonctionnement cognitif montrent également des aptitudes supérieures dans la « vitesse de traitement de l'information », dues certainement à une capacité spécifique d'apprentissage et à une impressionnante plasticité cérébrale. Certains travaux récents en imagerie cérébrale[1] montrent, chez ces bébés, une maturation avancée du cortex préfrontal. Cette partie située à l'avant du cerveau (derrière le front) est le siège des fonctions cognitives dites « supérieures », plus exactement les fonctions exécutives : le langage, la mémoire, le raisonnement, le cerveau exécutif. Il y aurait chez eux une organisation cérébrale particulièrement efficace (réseaux neuronaux, vitesse de conduction). Résultat : une précocité, une adaptation et une rapidité d'acquisition des connaissances. Bref, leur cerveau bouillonne, et leur hypersensibilité, leur hyperacuité, les plonge dès les premiers mois dans un monde riche d'émotions et d'idées.

Le langage pour se canaliser

Chez ces petits êtres hypersensibles, frappés de plein fouet par des émotions qu'ils ne maîtrisent pas, l'acquisition du langage est un moment clé. Un moment, devrions-nous dire, salvateur. N'est-il pas rassurant, en effet, de poser enfin des mots sur ses ressentis, ses émotions, et par là même, de s'en distancier ? L'apprentissage du langage est pour eux une question de survie. Ce n'est donc pas un hasard si la plupart de ces grands bébés sont assoiffés de mots, de connaissances, avides

1. Ellen Galinsky, *Mind in the Making, the Seven Essential Life Skills Every Child Needs*, New York, Harperstudio, 2010.

d'entrer à l'école. Ce n'est pas un hasard non plus si la plupart se débrouillent pour apprendre à parler très tôt. Ils en ont besoin ! Ils savent, intuitivement, que le mot sert à apprivoiser la chose – cette chose qui s'appelle émotion, ressenti, anxiété.

Attention : parce qu'ils sont perfectionnistes, ils ne parleront pas forcément comme les autres. Certains zappent les étapes, et, au traditionnel « maman, gâteau, papa », ils baragouinent une phrase de deux à trois mots. Sophie se souvient des premiers mots de Côme, avant même d'avoir su marcher. « À 12 mois, alors qu'il était encore dans son transat, il nous a lancé : "Papy pipi le ouah ouah" », Papy est allé promener le chien. À 12 mois, c'est déjà une phrase complexe. Même découverte de la part de Stéphanie, dont le fils, Pierre, s'est mis à « faire la conversation », comme elle le dit, à 17 mois. « Il me demandait de lui donner son biberon "car il avait faim", précise-t-elle.

D'autres, au contraire, restent sur leur quant-à-soi. Ne prononçant pas un mot, mais intégrant en silence le système de la langue. Mutiques, ils finissent par inquiéter sérieusement leurs parents. Puis, à 2 ans, quand ils ouvrent la bouche, c'est pour débiter d'un seul trait une phrase d'une rare complexité, sujet-verbe-complément. C'est ce qui s'est passé avec Céline, dont le fils, très en avance sur le plan moteur (il a commencé à marcher à 10 mois) n'en « finissait plus de se préparer » – comme la rose du Petit Prince – pour se mettre à parler ! Dès qu'ils ont compris le mécanisme du langage, ces mini-Einsteins sont pris dans un tourbillon vertueux, intégrant de plus en plus de mots de vocabulaire.

Hermine, lors de sa première consultation chez un ophtalmo, surprend la spécialiste en nommant sans se tromper les formes géométriques présentées sur un tableau de « lecture ». Arthur, à 2 ans, saisit le stéthoscope lors d'une consultation chez son pédiatre et dit très fier : « Stéthoscope » en articulant parfaitement chaque syllabe ! Notons d'ailleurs que ces petits précoces articulent à merveille.

« Il ne pleut pas, il bruine ! »

Leur intelligence fulgurante, associée à une mémoire prodigieuse, leur permet d'intégrer tout très rapidement, comme une éponge. Éponge émotionnelle, éponge intellectuelle. On voit à quel point ils peuvent zapper les étapes intermédiaires de l'apprentissage.

À cela, on doit ajouter une certaine « précocité sociale », c'est-à-dire un coaching parental beaucoup plus présent aujourd'hui. Les parents, comme nous le verrons dans le dernier chapitre, ces coaches devenus champions de la pédagogie, ne perdent jamais une occasion de nourrir leur progéniture avec un lexique et une syntaxe choisis. Avides de cette nourriture, ils en demandent toujours plus : « Dis maman, qu'est-ce que ça veut dire ? », et cela bien avant les apprentissages du vocabulaire à l'école. Non seulement ils comprennent le sens des mots mais ils peuvent nommer les choses et progressivement les concepts. Aux tests de QI des tout-petits, on remarque une différence marquée à l'épreuve de dénomination d'images – qui implique donc le vocabulaire. De fait, ces enfants, avec leur mémoire d'éléphant, les mémorisent même s'ils n'ont été prononcés qu'une fois ! D'où leur lexique précis et choisi, qui ferait pâlir d'envie des collégiens ! À 4 ans, le nez collé contre la fenêtre, certains reprennent même leur institutrice : « Non, madame, il ne pleut pas, il bruine ! » D'autres avoueront à leurs parents, à 4 ans, qu'ils sont « découragés » – plus chic que « j'en ai marre » ! « J'ai toujours été extrêmement impressionnée par le vocabulaire d'Emma, renchérit Valérie. Toute petite, au lieu de dire : "Je monte sur le canapé", elle affirmait : "Je vais escalader le canapé" ! »

Cela n'est pas sans leur jouer des tours avec leurs petits camarades dès la maternelle qui ne les comprennent pas et les trouvent bizarres, parce qu'ils manient des mots et des concepts parfois même légèrement surannés...

Les années maternelles

Un petit Picasso ?

C'est précisément à l'entrée à l'école maternelle que les différences s'exacerbent entre les petits précoces et les autres. Plus précisément : leur singularité a un « effet loupe ». Tous ne sont pas doués en dessin, bien sûr... Certains, comme nous l'analyserons dans le dernier chapitre, manifestent même de sérieuses difficultés en graphisme, car leur pensée hyperrapide précède souvent leur geste... Mais quand les petits surdoués manifestent leur intérêt pour cette matière – le dessin, la peinture – la différence « explose » alors littéralement. Pourquoi ? Parce que, comme nous l'avons vu, ils « transpercent » le réel de leur regard, et parviennent donc à photographier, très rapidement, en un éclair ce qu'ils voient. C'est la raison pour laquelle leurs dessins sont parfois et souvent de vrais chefs-d'œuvre en matière de détails. Les lacets sont bien formés et flottent dans les airs, les porte-bébés sont bien lacés à la taille... Leur regard est acéré, ils n'oublient rien ! D'autres sont très en avance : alors que les petits camarades barbouillent un corps de face, tout simple, ils en sont déjà quasiment à explorer le profil, voire aux premières notions de perspective. « Je le vois parfaitement bien. Dans ma classe, chaque année, il y a toujours un ou deux enfants qui sont extrêmement en avance en dessin », constate Marie-Dominique, institutrice en deuxième année de maternelle.

Christophe, 4 ans, dessine des corsaires, des chevaux en mouvement plus vrais que nature ! Ses personnages sont inclus dans des situations complexes très bien représentées elles-mêmes. Son dessin est celui d'un enfant de 8 ans.

Les sujets choisis par ces enfants, de même, sortent des sentiers battus. Christelle, à 4 ans, dessinait sa famille sous les traits d'Africains, en n'oubliant ni les cases, ni le mil, ni le foulard pour porter le petit dernier. D'autres peignent des forêts amazoniennes, ou le système solaire... Leur usage des couleurs est sophistiqué et témoigne d'une intense créativité.

D'autres encore, non sans humour, dessinent des personnages traditionnels dans des univers anachroniques : Cendrillon sur la lune, Cendrillon chirurgienne, Cendrillon présidente de la République... Certains, plus philosophes, sont capables d'imaginer, très rapidement, des dessins symboliques étonnants. « Quand sa grand-mère est morte, Raphaëlle n'avait que 4 ans... Elle a pris une feuille, et a dessiné quelque chose de magnifique : elle a surligné les contours de sa main sur la feuille, qu'elle a transformée en oiseau – un oiseau qui disait adieu. Ce symbole était magnifique. Mais ce qui m'a le plus impressionnée, c'est la rapidité, la fulgurance avec laquelle elle a dessiné. Comme si, à la manière d'un vrai grand artiste, elle avait tout imaginé en un quart de seconde... », raconte sa mère. Cette immédiateté, que nous avons déjà pu apprécier chez les petits précoces, est à l'œuvre dans toutes leurs activités, qu'elles soient purement scolaires ou artistiques...

« Mais chéri... tu sais lire ?! »

Ils sont capables d'avancer extrêmement rapidement, et comprennent immédiatement la méthode syllabique sans qu'on ait besoin de leur expliquer quinze fois. C'est la raison pour laquelle – guidés par leur fameux esprit analytique, doués d'un sens de l'intuition et de la déduction –, les petits précoces parviennent à déchiffrer, souvent tout seuls, parfois très tôt. C'est ainsi que François, 18 mois, passant devant l'enseigne d'un garage déchiffre spontanément le nom de la marque de voiture au grand étonnement de ses parents ! Si certains sont de bons lecteurs dès l'âge de 4 ans, déchiffrer certaines syllabes entre 3 et 4 ans est déjà un signe de précocité. « Je m'en suis aperçue tout simplement avec un paquet de céréales, une boîte de lait », raconte Éliane, la maman d'Élisa. « Mais le jour où elle m'a sidérée, à 3 ans et demi, nous étions dans une brasserie de quartier, un samedi midi. Nous venions de faire le marché, et, comme tous les samedis, nous déjeunions rapidement dans cette brasserie avant d'aller faire la sieste à la maison. Élisa m'a demandé : "*s* et *a* ça fait bien *sa*, *l* et *a* ça fait bien *la*" ? Et elle a lu, tout doucement, "sa-la-deu composée". Quel étonnement ! »

De poème en haïku

L'écriture attire un grand nombre d'enfants précoces. Très jeunes, ils jouent à « écrire » comme d'autres se déguisent. Ils gribouillent de longs messages pour imiter l'adulte, puis se mettent vraiment à former des lettres bâtons, tout comme Coralie, qui, dès 4 ans, écrivait des petits mots à ses parents et à ses proches. « Un soir, un repas au restaurant s'éternisait et elle voulait rentrer. Elle m'a demandé un morceau de papier, un stylo, et a griffonné, en lettres bâtons, "JEVEPARTIR" "JEMNUI". Inutile de préciser que je ne lui avais jamais appris à écrire. » « C'était sa première petite "bafouille" », s'amuse son père. Sarah, elle, à la fin de la moyenne section de maternelle, avait décidé d'écrire un petit poème pour la fête des Mères. En lettres bâtons, et dans un délicieux style, « il y était question de soleil, de neige. Je l'ai conservé, elle m'a épatée ».

Sur le plan du graphisme *stricto sensu*, même maladroits, les gestes pour former les premières lettres sont très investis, mais les premières difficultés, les premières frustrations peuvent être mal supportées. Le geste fin nécessaire pour la bonne tenue du crayon puis le tracé maîtrisé des lettres, il est vrai, dépend de la maturation physique de l'enfant et ne peut trop être anticipé. Rappelons que le contrôle de la motricité fine peut être encore insuffisamment élaboré avant 4-5 ans.

À cette frustration s'ajoute rapidement, dans les années qui suivent, celle induite par l'écart entre la rapidité de la pensée et la lenteur de l'écriture. Nous constatons donc de grands écarts de réalisation dans le domaine de l'écriture chez les enfants précoces de 3 à 5 ans. Certains écrivent très bien et tôt, mais d'autres rencontrent de façon étonnante des difficultés. Il existe un pourcentage non négligeable de dysgraphiques chez les précoces. Est-ce parce que leur cerveau fonctionne beaucoup plus vite que leurs gestes ? Les difficultés à réaliser ce qu'ils souhaiteraient faire deviennent alors source de stress et le petit précoce peut chercher, dans certains cas, à éviter la situation qui pose problème. N'en arrivons pas là : une rééducation en psychomotricité, en quelques séances, peut améliorer considérablement le geste et la tenue du stylo. En conclusion, le graphisme n'est pas, contrairement à d'autres domaines, un point de référence de la précocité.

Les mathématiques, c'est automatique !

Les enfants précoces aiment les chiffres. Diane et son frère jumeau Chris, à peine 4 ans, jouaient à la marchande. Et fabriquaient des billets pour payer et rendre la monnaie.

Arthur pouvait faire de petites additions et soustractions utilisant des nombres de 0 à 20, il pouvait compter sans se lasser et à épuisement pour les autres les petits pois dans son assiette !

« Paul pouvait compter jusqu'à 10 à 2 ans et reconnaître des nombres quelques mois plus tard. Il n'avait que 2 ans et demi qu'il pouvait lire les chiffres des heures sur une montre ! » s'étonne Béatrice. En effet, c'est souvent en calcul, en logique numérique et en mathématiques que les petits surdoués tirent leur épingle du jeu. Comme s'ils pénétraient sans aucun intermédiaire, aucune difficulté, dans cette langue étrangère, dans cette « forêt de symboles ». Très rapidement, ils comprennent ce que signifie additionner ou soustraire. « En moyenne section, alors qu'il commençait à assembler voyelles et consonnes, Côme s'est mis à faire sa première tentative de soustraction, se souvient Sophie. C'est en cela qu'il a impressionné son institutrice. Sur le plan lecture, il était en avance, mais en calcul, cela tenait du prodige. »

« Vers l'infini... et au-delà ! »

Cela ne nous étonnera guère : les petits précoces, boulimiques de savoir, sont particulièrement friands de mondes infinis. Tout ce qui leur offre un vaste champ de connaissances est bon à prendre. Avec une prédilection pour l'Égypte ancienne, un domaine culturellement bien structuré, imagé, nourri d'histoires et de rituels rassurants, qui leur permet d'exercer leur grande mémoire. « On est allés au Louvre avec Côme, quand il avait 4 ans et demi, se souvient Sophie. C'était une exposition sur la chronologie des pharaons. Côme me pose alors une question sur un roi... Et je lui réponds par un attribut de dieu. Il s'est énervé et m'a lancé : "Mais enfin, maman, je ne te parle pas de mythologie, mais de chronologie !" »

Le monde des dinosaures les passionne aussi, car tout comme l'Égypte, il permet de nourrir leur grande mémoire : ils connaissent souvent les noms de chaque dinosaure, savent tout du tricératops, ou du tyrannosaure, du vélociraptor... des herbivores ou des carnivores : non seulement leur façon de vivre, mais le nombre de dents et la vitesse à laquelle ils courent !

Enfin, troisième champ de connaissance favori, les planètes et le système solaire. Avec les trous noirs, les galaxies... ils ont de quoi s'occuper. Une perspective infinie qui les rassure.

Le corps humain peut de plus être source d'intérêt. L'enfant veut comprendre sa constitution et son fonctionnement. Il regarde les dessins, les images qui lui permettent d'assembler ce mystérieux puzzle. Le nom des organes et leurs fonctions sont de suite retenus, tout comme les villes, fleurs et pays sur un planisphère ou une mappemonde ! Chercher où se trouve son pays, celui où maman part en voyage, ou celui où vivent d'autres hommes de façon si différente d'eux...

Un peu de philo

Beaucoup plus curieux que les autres, les précoces anticipent les stades de leur développement, en particulier sur les grandes questions philosophiques : la sexualité et la mort. Ils peuvent se montrer extrêmement pudiques dès l'âge de 4 ans, refusant de se déshabiller devant les autres, et réclamer, pour les petites filles, un maillot deux pièces alors que leurs copines se promènent en slip de bain ! Côté réflexion, ils ont des interrogations qui dépassent leur âge – sur la maladie, la mort. Ils prennent de vitesse les parents, à travers des interrogations sous forme de jeu, qui les laissent pantois. « Le jour où à 3 ans, Théophile m'a demandé quel âge j'atteindrais quand lui en aurait 10, puis 15, puis 30, puis 50, puis 80, je lui ai répondu sans sourciller... Mais ce qui n'était au départ qu'un jeu d'arithmétique s'est révélé être une interrogation existentielle déguisée sur la mort, doublée d'un désir de réassurance. Maman, seras-tu toujours là pour moi ? » se souvient avec émotion Clarisse.

Tout est prétexte à question, comme si apprivoiser permettait d'alléger une certaine inquiétude. Les petits précoces, ne l'oublions pas, peuvent anticiper les conséquences de certains événements mais n'ont pas la maturité affective nécessaire pour résoudre ces problèmes. Cela est bien souvent chez eux source d'angoisse et de difficulté à s'endormir le soir.

Thomas, 3 ans et demi, ayant appris que la Terre tenait en l'air parce qu'elle tournait, a cherché plusieurs jours auprès des adultes une réponse à sa question : que se passerait-il si elle cessait de tourner ? Est-ce qu'on tomberait pour toujours ? Est-ce qu'on s'écraserait ?

Mathilde, 4 ans, voulait savoir comment les pendules connaissaient l'heure...

Une grande peur de l'échec

Bien sûr, ils se débrouillent comme des chefs... Cela ne les empêche pas d'avoir très peur de l'échec – précisément parce qu'ils mettent la barre très haut. Pour eux comme pour les autres. Ils recherchent la perfection et peuvent donc être facilement déçus. Par les autres et par eux-mêmes.

« Paul est en route vers la lecture. Il déchiffre extrêmement bien, aux dires de son instit... Mais il est capable, au-dessus de sa feuille, de se mettre à sangloter, par peur de ne pas y arriver », s'étonne Béatrice. Stéphanie, elle, toujours prête à nourrir intellectuellement ses quatre garçons précoces, a décidé de mettre un frein aux exigences de l'un d'eux : « Il est trop stressé par l'échec. J'essaie de faire baisser la pression. » Cette peur de ne pas y arriver est en relation étroite avec la crainte terrible de décevoir ces parents qu'ils admirent et investissent tant ! N'oublions pas que ces enfants qui font souvent l'admiration de leurs parents peuvent se convaincre qu'ils ne sont aimables que quand ils font des prouesses. Et qu'ils risqueraient de perdre l'amour de leurs proches si jamais ils échouaient. D'où l'attitude de retrait de certains surdoués face à la nouveauté. Car qui dit nouveauté, dit possibilité d'échouer...

Il est important alors pour le parent de féliciter l'enfant qui essaie et de lui permettre de comprendre que c'est ainsi que l'on apprend à marcher, à faire du vélo. Toute tentative est louable. On ose, on tombe, on se relève et un jour on y arrive !

Fluctuations de QI

Les débats sont loin d'être terminés entre les partisans de l'acquis et de l'inné. Les neurosciences apportent aujourd'hui un support organique au développement des facultés dès la conception mais elles ne peuvent nier l'importance de l'environnement. Une étude[1] sur des jumeaux homozygotes séparés pendant la Seconde Guerre mondiale a révélé que ceux qui avaient vécu dans un milieu plus riche socialement et intellectuellement avaient augmenté leur QI par rapport à un frère ou une sœur élevés dans un milieu moins favorable. Mais une fois sorti de ce milieu, le QI tendait à revenir au niveau antérieur et commun aux deux enfants.

---

1. Robert J. Sternberg, Elena Grigorenko, *Intelligence, Heredity and Environment*, Cambridge University Press, 1997.

Des études américaines récentes sur des adultes[1] ont prouvé de même que l'influence favorable du milieu pouvait entraîner jusqu'à 10 points de QI en plus. Cet avantage, toutefois, se résorbait quand la personne cessait d'être incitée à fonctionner à son meilleur niveau. Le bébé naît donc avec une intelligence en partie héréditaire, héritage que le contexte de vie modifie en partie. À la lumière de ces études, il apparaît évident que tout parent peut éveiller, encourager et développer l'intelligence de son enfant, qu'il soit superintelligent ou non au début de son existence.

Une menace diffuse ?

Ces bébés auraient-ils développé une hypervigilance et une hyperintelligence par réaction, pour lutter contre une menace diffuse ou un sentiment d'inquiétante étrangeté ? Telle est la théorie avancée par certains psychologues[2]. On ne peut nier le nombre de cas où le bébé, pourvu d'antennes très fines, pourrait percevoir un danger imminent chez ses proches – que ce soit une dépression, une anxiété... – et développer une

1. Richard E. Nisbett, *Intelligence and How To Get It*, New York, Norton, 2009. Lire aussi Stephen Murdoch, *IQ, a Smart History of a Failed Idea*, New York, John Wiley and Sons, 2007.
2. En particulier Etty Buzyn, psychologue et auteure de nombreux livres (Albin Michel, Odile Jacob).

« hyperintelligence » de la situation pour tenter de comprendre. Leur intelligence est alors une question de survie. « À mon avis, le fait que Côme soit un enfant adopté a joué fortement sur le développement de son intelligence et de sa sensibilité », estime Sophie, sa maman.

Lorraine, 36 ans, diagnostiquée comme adulte surdouée, explique elle aussi son parcours : « Je suis née et j'ai grandi dans une ambiance dépressive et très sombre, car ma mère avait, avant moi, perdu un bébé de 6 mois, de mort subite du nourrisson. Je pense que je ressentais, au plus profond de moi, son angoisse, sa dépression. Je la prenais de plein fouet. Je ressentais la menace également d'être considérée peu ou prou comme un enfant de remplacement. J'ai pris l'habitude, je pense, de "scanner" l'univers entier, en particulier les inconnus, que je "sonde" en deux secondes. Cette expérience m'a structurée, a structuré ma vie. » Mais qui de la poule ou de l'œuf ? Est-ce la vigilance qui a nourri l'intelligence, ou l'inverse ? Les deux mouvements vont sans doute de pair. Quoi qu'il en soit, la parole de l'autre, quand on a pris conscience de cela, est alors fondamentale pour apaiser, permettre de comprendre, et sortir le tout-petit de sa solitude.

Un Petit Prince... surdoué ?

Ce « petit bonhomme », comme le nomme affectueusement l'aviateur, héros d'un des plus magnifiques contes sur l'enfance, avec sa richesse, sa solitude, ne serait-il pas un petit surdoué ? Et ne serait-ce pas là l'explication de son intelligence questionnante, et de sa profonde mélancolie ?

Il est doté d'une intelligence interrogative. Pose moult questions, au risque d'épuiser l'aviateur (image du père) mais n'aime répondre à aucune.

Il a une compréhension métaphorique du monde. Son regard perçant pénètre derrière les apparences. Il ne se satisfait pas du réel. Raison pour laquelle à un mouton il préfère une « boîte à imaginer ». Nettement moins frustrante. C'est la boîte de l'imaginaire qui ravit tant les petits précoces, dont ils font leur miel.

Il est hypersensible et susceptible.

Peu d'amis, mais de vrais amis. Qui compte-t-il comme amis ? Le renard, peut-être, qu'il est parvenu à apprivoiser, mais qu'il ne reverra pas. L'aviateur ? Oui, comme les petits précoces, la compagnie de l'adulte est plus intéressante – au moins peut-il lui poser des questions. Il est amoureux de la rose, cette rose capricieuse qui le met sous emprise, « sous cloche », précisément. Cette rose, l'amie dont il rêve, et avec laquelle il n'arrive pas à nouer une relation à long terme.

La ronde des planètes. En parcourant les planètes, le Petit Prince idéaliste se confronte et se heurte au monde adulte, avec son non-sens et parfois son absurdité. Tout commence par la planète du roi, qui lui ordonne de bâiller, se poursuit avec la planète du businessman qui accumule les étoiles, les possède, et à ce titre incarne l'« avoir » et le monde des non-idées (ce que détestent les petits surdoués), pour s'achever sur celle de l'allumeur de réverbères, qui lui, incarne l'automatisme des gestes. Des petits mondes clos aux antipodes de l'idéalisme du Petit Prince. Tout comme les surdoués, le Petit Prince est profondément déçu par le monde des adultes.

Un mot est un mot. C'est une des caractéristiques des petits précoces : ils prennent le langage au pied de la lettre et ne jouent pas suffisamment avec le discours d'autrui. Le Petit Prince est candide : il croit sa fleur quand elle se dit unique, mais « il avait pris au sérieux des mots sans importance, se dit-il en pensant à sa rose, et était devenu très malheureux [...] J'aurais dû réagir sur les actes et non sur les mots », dit encore le Petit Prince. « J'aurais dû la sentir. » Bref, il aurait dû faire fonctionner davantage son intuition, au lieu de cogiter.

Il se retranche dans sa bulle. Après avoir été déçu, le Petit Prince décide de repartir. Courageux, comme souvent les petits précoces, il s'éloigne du monde, se retire, pour rentrer dans sa petite planète. C'est ce qui survient aussi chez nombre de petits précoces : retourner en eux-mêmes, c'est leur fierté, leur côté ombrageux, sans concession.

Certes, le Petit Prince n'est plus un bébé. Mais il a incontestablement été un bébé surdoué, tout comme l'était, sans aucun doute, Antoine de Saint-Exupéry, orphelin de père à l'âge de 4 ans, élevé par sa tante, dont la carence affective résonnera longtemps. L'auteur a très certainement été un enfant déçu, blessé par le monde des adultes. Comme son Petit Prince, interloqué et blessé l'avait été : « Ça n'est pas un homme, c'est un champignon ! », ou encore leur appétit d'être plutôt que d'avoir : « Et à quoi cela te sert-il de posséder les étoiles ? » interroge-t-il. Ce « moi maltraité par l'idéal », selon les termes de Freud, provoque une haine qui se retourne contre soi. D'où la mélancolie du Petit Prince, dans ce magnifique récit. « Je suis tellement triste », conclut le petit bonhomme.

3

DÉVELOPPEZ TOUTES SES INTELLIGENCES !

« Mes parents devraient être contents. Il y a de quoi être fiers, je ne vois pas pourquoi ils s'agitent lorsque [...] j'essaie de donner mon avis sur la conjoncture économique internationale. C'est toujours à ce moment-là que maman sonne Eusebia pour qu'elle apporte le rôti[1]. »

QI, mais aussi QE, QR, QS, QM...

On le sait bien aujourd'hui, la précocité ne se limite pas à un simple chiffre de QI ! Cette intelligence cognitive, qui se révélera précieuse pour la poursuite des études, n'est qu'une des intelligences que vous pourrez observer chez le bébé. Le psychologue Howard Gardner[2] a par exemple bouleversé les idées reçues, dès 1993, en proposant

1. Patrick Cauvin, *E = mc² mon amour*, J.-C. Lattès, 1977 ; Le Livre de Poche, 1990.

2. Howard Gardner, *Les Intelligences multiples. La théorie qui bouleverse les idées reçues*, Retz, 1996 ; *Les Formes de l'intelligence*, Odile Jacob, 1997.

sept formes d'intelligence : linguistique, logico-mathématique, kinesthésique, spatiale, musicale, interpersonnelle et intrapersonnelle.

Depuis les découvertes de Howard Gardner, toutes les recherches et les investigations orientées sur ces deux derniers types d'intelligence (émotionnelle et relationnelle) ont débouché sur la même conclusion : elles sont fondamentales dans la réussite de l'enfant et surtout de l'adulte.

Nourrir « la bête »...

Raphaël a 6 mois, la boule à zéro et de grands yeux bleus qui lui mangent le visage. Sur son petit tapis d'éveil, allongé sur le dos, il ne chôme pas. Même s'il ne tient pas encore assis, dans sa grenouillère, il fait preuve d'une intensité manifeste. Ses yeux s'agitent, ses menottes attrapent le petit miroir, qu'il porte ensuite à la bouche, ses pieds galopent dans le vide... Il apprend ! Puis, il tourne la tête vers son père, qui, à sa droite, lui tend un petit ours en peluche tout blanc.

Ainsi en est-il des bébés. Ils s'occupent tout seuls pendant cinq, dix ou quinze minutes, mais très rapidement, ils cherchent à capter le regard, l'assentiment de leurs proches. Comme si tous ces jeux, finalement, n'avaient d'intérêt que dans la perspective plus globale d'une entrée en relation. Comme si le regard de l'autre était indispensable pour valider l'intérêt du jeu.

S'il est fondamental de s'occuper d'un bébé, quel qu'il soit, dès les premiers moments de la vie, il est vital de s'occuper des bébés à haut potentiel. Livrés à eux-mêmes, pas suffisamment « nourris », ils peuvent sombrer dans la mélancolie, tout comme le Petit Prince, quelque peu délaissé, au moins au début, par l'aviateur, occupé à bricoler son moteur.

Les 7 intelligences capitales...

1. L'intelligence linguistique : du mot à l'idée

Aptitude à employer les mots pour exprimer des idées complexes, dans sa langue maternelle et dans d'autres langues.

2. L'intelligence logico-mathématique : « Élémentaire, mon cher Watson ! »

Aptitude à calculer, mesurer, faire preuve de logique ; capacité à résoudre des problèmes mathématiques et scientifiques, à analyser les causes et les conséquences d'un phénomène.

3. L'intelligence spatiale : l'imagination des lieux

Fonction primaire de la partie droite du cerveau, et surtout du lobe pariétal. Permet d'utiliser ses capacités intellectuelles spécifiques pour imaginer une représentation spatiale du monde.

4. L'intelligence musicale : le talent du « contre-ut »

Aptitude à penser en rythme et en mélodie, à reconnaître des modèles musicaux, à les interpréter et les créer.

5. L'intelligence émotionnelle : « J'éprouve... donc je suis. »

On la dit aussi intrapersonnelle, elle est située dans le système limbique. C'est la capacité à percevoir ses propres émotions, à les maîtriser et à établir des rapports harmonieux avec les autres.

6. L'intelligence sociale : l'enfer, ça n'est pas les autres !

On la dit aussi « extrapersonnelle ». C'est la capacité à percevoir les émotions des autres, à obtenir d'eux des réponses positives... Le psychologue Karl Albrecht[1] a souligné l'intérêt fondamental de ce type d'intelligence. D'après lui, mieux vaut avoir un QI moyen, mais une intelligence émotionnelle et relationnelle très développée.

7. L'intelligence kinesthésique : « Je bouge... donc je suis. »

Capacité à utiliser son corps pour exprimer une idée ou un sentiment... Certaines personnes ne peuvent apprendre qu'en bougeant...

L'intelligence cognitive : vive le jeu !

À longueur de temps, durant toute votre vie de parent d'enfant précoce, vous entendrez donc parler de la nécessité de « nourrir » intellectuellement

1. Karl Albrecht, *Social Intelligence, The New Science of Success*, San Francisco, Jossey-Bass, 2005.

ces enfants à haut potentiel, de répondre à leurs désirs de connaissance. Oui, il est vrai que ces bébés ont des besoins importants. Ce n'est pas non plus une raison pour les gaver, leur apprendre l'alphabet dès l'âge de 6 mois, ou les assommer de jeux ludo-éducatifs. Ah, le ludo-éducatif ! Un mot fourre-tout... En revanche, n'hésitez pas à jouer. Le jeu va les épanouir, les nourrir, les enchanter, les cultiver.

Il n'y a pas d'apprentissage réel sans le jeu, sans plaisir d'apprendre, nous dit Freud. Le jeu est essentiel à la construction et au développement du bébé, quel qu'il soit. Nul n'est besoin, bien sûr, d'être surdoué pour profiter de ces échanges ludiques et épanouissants avec ses parents. Les jeux et comptines que nous proposons dans ce chapitre sont bien évidemment à la disposition de tous les bébés du monde.

Si nous avons insisté sur la dimension ludique de cette éducation, c'est parce que, aujourd'hui, tous les experts déplorent le fait que la relation aux parents est devenue presque trop sérieuse. Dès le plus jeune âge, c'est la course à la performance. Ils doivent savoir lire, compter, plus tôt que les autres.

Le pédopsychiatre Patrice Huerre lance un cri d'alarme dans son livre *Place au jeu*[1] : « Il y a une évolution très nette de la relation parents-enfants depuis quelques années », explique en substance

---

1. Patrice Huerre, *Place au jeu*, Nathan, 2007.

le psychiatre. « Je suis très inquiet de la montée de la "pédagogisation" du lien mère-enfant. Les adultes, angoissés par leur propre avenir, craignent pour celui de leur progéniture. Bref, poursuit le psy, ils se transforment en enseignants *bis*, ne cherchant qu'à stimuler leurs enfants. C'est comme si, finalement, la légèreté de relation, la gratuité, bref, le jeu, avait tendance à disparaître. » À nous de le restaurer, dès le plus jeune âge...

Première leçon : nommez, donnez des mots (entre 0 et 3 ans)

Si Françoise Dolto suggère d'immerger le tout-petit dans un bain de langage, ce n'est pas pour qu'il commence à prononcer ses premiers mots à 6 mois. C'est pour le sécuriser, lui donner des repères, le mettre « en lien » avec l'univers entier.

– **Nommez la maison.** Le jeu que les tout-petits adorent, car il comble leur besoin d'apprendre et de se rassurer, est tout simple. Il consiste en une promenade dans l'appartement, au cours de laquelle vous vous arrêtez, comme un guide touristique ! Cela peut être fait dès le retour de la maternité. « Regarde le rideau (et on touche le rideau), ici, c'est la cuisine, c'est là que l'on fabrique de bons gâteaux. » Vous verrez, au fur et à mesure de votre promenade, qu'il s'éveillera, et se tranquillisera tout à la fois. C'est une petite promenade à effectuer également le soir, au moment de la « crise du soir », quand le bébé est inconsolable. Un bon moyen de lui montrer que vous fermez le rideau, que vous l'accompagnez vers son berceau, etc.

– **Nommez le marché.** Emmenez-le régulièrement en poussette-canne, et, tourné vers vous, apprenez-lui le nom des fruits et des légumes pendant que vous patientez... *Idem* à la poissonnerie ou à la boucherie. C'est fou comme les marchés peuvent passionner les petits. Ils regorgent de couleurs et d'odeurs. Chantez ensemble :

Une, c'est pour toi la prune
Deux, c'est pour toi les œufs,
Trois, c'est pour toi la noix, [...]
Six, c'est pour toi la cerise !

– **Nommez le corps.** Après le bain, passez un gant de toilette sur son corps en vous arrêtant pour nommer chaque partie : le cou, les mains, les coudes, etc. Le bébé intègre mieux son schéma corporel : c'est rassurant. Et les petits précoces, dans leur appétit du langage, seront comblés.

– **Les comptines** rythmées avec les doigts sont formidablement rassurantes, car la répétition des rimes fait partie des rituels sécurisants. N'hésitez pas à en programmer, à tout moment d'éveil de la journée. La musique sera d'une grande aide de manière générale pour l'aider à apprivoiser votre absence. Vous devez boucler un dossier à ses côtés ? Consulter un site sur votre iPad ? Préparer le dîner ? À vous de programmer un concerto de Brahms, une fugue de Bach, un morceau des Beatles. La musique instaure une « bulle rassurante », un espace intermédiaire commun entre le bébé et ses parents. Une façon de se parler au-delà du langage. Et surtout, comme le soulignerait Winnicott, un magnifique moyen d'être « seul en présence de la mère ». Bref, usez et abusez-en...

– **N'oubliez pas les livres !** « Si vous voulez que vos enfants soient plus intelligents, suggérait Albert Einstein, lisez-leur des contes de fées. » Le grand homme avait raison... Pourtant, la plupart du temps, les parents rangent les livres dans les bibliothèques, dans des endroits inaccessibles aux menottes des tout-petits. Disposez-les au contraire à leur hauteur, dans des paniers posés à même le sol, car les enfants adorent se « re-raconter » les histoires que leurs parents leur ont lues. Tourner les pages du livre, c'est un peu pour eux comme tourner un noyau de pêche trois fois dans leur bouche, en se souvenant de la saveur de la pêche elle-même ! En attrapant un livre, en le feuilletant, ils se souviennent de l'histoire, au mot près, comme s'ils savaient déjà lire.

Les maths... en s'amusant !

– **Calculez avec une comptine.** Racontez-lui la comptine du petit moineau dans l'horloge : une façon amusante de lui faire découvrir ses premières notions de numération.

Le petit moineau vole jusqu'à l'horloge de l'église (imitez avec votre index et votre majeur le trottinement du moineau le long du bras gauche de votre enfant).

L'horloge sonne un coup (tapez une fois dans vos mains au-dessus de sa tête).

Le petit moineau redescend (faites marcher vos doigts jusqu'au bas de son bras droit).

Et recommencez avec « *deux, trois, quatre*... » et les chiffres suivants.

– **Classez et rangez les peluches et les poupées.** Accrochez à hauteur de votre enfant un sac comportant plusieurs poches dans lesquelles vous aurez rangé des petites peluches. Amusez-vous à les trier ensemble. Les petites peluches ensemble, ou les ours ensemble, les lapins ensemble. Vous pouvez aussi les trier par taille ou par couleur.

La physique... sans le savoir !

• Entre 6 mois et 1 an

– **Par le souffle.** Soufflez ensemble sur la surface de l'eau, dans le bain ou au-dessus d'une bassine. Soufflez aussi dans une paille, ou un tuyau, faites-le souffler également. Vous observerez ensemble les variations qui peuvent se produire entre un souffle long ou court, un souffle doux ou fort. Que se passe-t-il sur l'eau ? Les ridules, les bulles, les éclaboussures. Mimez ensemble une tempête.

Soufflez ensuite ensemble sur les objets que vous rencontrez : feuille morte, plume, boulette de papier, ballon de baudruche, feuille d'essuie-tout...

• Entre 1 et 3 ans

– **Les objets flottants.** Remplissez une grande bassine d'eau (idéal en été). Donnez-lui un petit filet à provisions rempli de différents objets (bouchon de liège, coquille de noix, paille, pomme de terre, Playmobil...). Vérifiez ensemble ceux qui flottent, et ceux qui s'enfoncent dans l'eau, puis triez-les ensemble : flottant ou non flottant.

– **Bulles de savon XXL.** La recette est simple : pour 1 litre de liquide à bulles, 650 ml d'eau, 50 g de sucre, 200 ml de liquide vaisselle, 100 ml de glycérine.

Versez 250 ml d'eau dans une grande bouteille, puis diluez chaque ingrédient l'un après l'autre, en mélangeant doucement, sans faire mousser. Complétez avec le reste d'eau et laissez reposer quelques heures.

• À partir de 3 ans

Préparez des gâteaux avec votre enfant (type sablés), et achetez un sachet de bonbons style Dragibus ou, encore mieux, des Car en Sac. Demandez-lui de numéroter chaque gâteau, en appliquant un bonbon sur le premier, deux sur le second, trois sur le troisième, etc. Proposez-lui ensuite de les ranger du plus petit au plus grand puis du cinquième au premier.

Développez son sens de l'humour

Très vite, les bébés ont leur manière à eux de pratiquer le sens de l'humour, en nous regardant droit dans les yeux, avant de lancer leur biberon par terre ! Un peu plus tard, c'est le fameux « pipi caca », qui les fait hurler de rire – une manière de reprendre le pouvoir sur quelque chose qui les dérange, qui les gêne, même si cet humour est volontiers « scato ».

Le sens de l'humour est, nous l'avons constaté dans la première partie, une caractéristique et une qualité indéniable des enfants précoces, qui les distingue vraiment des autres enfants d'une même classe d'âge. C'est un signe de grande intelligence, qui fait intervenir une certaine distanciation vis-à-vis du réel, et un esprit critique avancé. N'est-ce pas ce que l'on nomme le « second degré » ? Pour rire de la réalité, il faut en avoir compris le sens, et saisi la finesse. C'est à cette condition que l'on peut s'en distancer.

Le sens de l'humour est non seulement une qualité sociale mais un de nos atouts, à nous, êtres humains, pour nous débrouiller avec une réalité frustrante et complexe ; bref, sortir de situations difficiles. C'est grâce au sens de l'humour que vos tout-petits prendront une distance salutaire par rapport à leurs éventuelles difficultés sociales ou émotionnelles.

Interdit de blesser !

Mais attention : si on peut tenter de les « élever à l'humour », efforçons-nous en revanche de n'être ni blessants ni cyniques. Les enfants surdoués, nous l'avons vu dans notre deuxième chapitre, sont susceptibles, à fleur de peau, et plus vite blessés que d'autres.

Si vous traitez votre enfant de « petit Shrek » parce qu'il s'est barbouillé de Nutella ou de « petit Obélix » quand il dévore comme un goinfre, il risque de rester sur la défensive. Les petites agressions verbales à répétition peuvent, mine de rien, engendrer des failles narcissiques durables, d'autant plus mal vécues que les moqueries commencent à déferler dans les cours de récréation. Les jeunes enfants sont particulièrement imperméables à toute forme d'ironie. Ils n'ont pas la possibilité cognitive d'y réagir, ils sont trop vulnérables pour pouvoir procéder à l'autodérision. Attention, danger : l'humour peut être une petite bombe à retardement. Et si nous ne prêtons pas suffisamment attention à leur ego, ils risquent de devenir des adultes qui refusent tout rapport ludique aux autres. Les adultes bourrés d'humour ont, bien au contraire, été des enfants sécurisés et aimés suffisamment pour qu'ils puissent jouer avec eux-mêmes. Pourtant, aux alentours de 5 ans, soudain, tout change. Leur humour aussi. Ils entrent vraiment de plain-pied dans la grande enfance, dite aussi « période de latence », la mise en sommeil de leurs pulsions. Ils savent très bien, alors, qu'il n'est plus de bon ton de se gausser des blagues « limites », un rien scato. Ils sont devenus grands ! À cet âge, ils ont en effet tout à apprendre. Ils sont confrontés à leurs propres limites. C'est l'âge de l'apprentissage de la lecture, de l'écriture. Ce sont deux années qui exigent d'eux une attitude de parfait petit écolier. N'abandonnez pas. C'est le moment, précisément, de poursuivre cet apprentissage de l'humour en famille.

Débridez son imaginaire

Parce que le sens de l'humour se cultive en famille, essayons de développer une attitude plus « aérienne » face à la vie. Ne sommes-nous pas trop crispés au quotidien ? Stressés par d'insignifiants détails ? Si le sens de l'humour se transmet de père en fils, c'est peut-être à travers une attitude de générosité et de décontraction devant la vie. À nous de ne pas nous focaliser sur les petites choses sans importance, et d'essayer de prendre de la hauteur. Le meilleur moyen de « booster » l'humour de nos enfants est de débrider leur imagination et de les encourager à faire certaines choses « à l'envers ».

• À partir de 2 ans

Parce qu'ils adorent les situations incongrues, proposez le jeu de la « journée à l'envers ». Aidez votre enfant à enfiler ses vêtements à l'envers, marchez à reculons, commencez par le dîner, etc.

• À partir de 3 ans

– **Cultivez sa fantaisie**. Inventez tous les deux la vie des gens de la maison d'à côté. Et s'ils avaient un chien, un serpent ? Et s'ils étaient des extraterrestres ?

Devenez un architecte loufoque. Créez à deux la maison la plus laide possible. Crises de fous rires garanties. Une excellente façon également de peaufiner son vocabulaire.

Les taches d'encre. Demandez-lui de plier une feuille de papier en deux, puis de la déplier, et de faire tomber quelques gouttes d'encre ou de peinture sur l'une des moitiés. On replie ensuite la feuille, on l'ouvre à nouveau... Et que découvre-t-on ? Tout un monde imaginaire.

Demandez-lui ce que son dessin représente, faites la même chose de votre côté... Et recommencez.

– **Titillez son sens du loufoque**. Quelques pistes ? On peut essayer d'imaginer l'appartement du voisin le plus laid ou le plus désagréable, ou bien le repas le plus dégoûtant de tous les temps. On peut aussi gentiment délirer à partir de ces histoires drôlement surréalistes : « Ce serait drôle si les poissons volaient dans le ciel, si les bicyclettes avaient des roues carrées. » Ce type d'humour ne vise personne en particulier, mais il s'agit de jouer avec une situation inhabituelle.

Boostez son second degré : vive les antihéros !

Lisez-lui des albums et histoires qui campent des situations et des héros décalés... car les petits, très tôt, adorent ça. Si le personnage à contre-emploi est un « gimmick » du jeune enfant précoce, c'est parce qu'il exige à la fois une adhésion au personnage classique, donc à la réalité de la fable (le Petit Chaperon rouge, le Loup, la Belle au Bois dormant) et une distanciation par rapport à lui.

Citons parmi les plus célèbres *La Laide au Bois dormant*, ou *Le Petit Chaperon vert*, tous deux écrits par Grégoire Solotareff[1], sans oublier *Le*

1. Grégoire Solotareff, *La Laide au Bois dormant* et *Le Petit Chaperon vert*, École des loisirs, 2012.

loup qui avait peur de tout par Ann Rocard[1]. Dans le livre *Cent histoires du soir*[2], on rencontre une petite sorcière myope, un sorcier timide, un chef des pirates qui tombe malade, un marchand de sable grincheux, un lion peureux, vulnérable ou minuscule, un loup qui ne mange que des roudoudous... Une galerie de portraits à rebours, de héros à l'envers, qui leur permettent justement de prendre une distance avec un certain « idéal du moi » qui menace souvent ces enfants ; un idéal du moi qui pourrait les ligoter à l'idée de réussite à tout prix. Au contraire, saisi à rebours, le personnage mythique acquiert des qualités « humaines, trop humaines », dirait Nietzsche, donc, forcément, pas toujours reluisantes !

Essayez, vous aussi, d'en inventer. Par exemple :

– **Le Père Noël**, personnage emblématique et tout-puissant, et les lutins sont un régal à « décaler ». Ce gros bonhomme joufflu est forcément réjouissant ! Dans *24 histoires avant Noël*[3] on le voit réinterprété de mille et une façons : le Père Noël suit un régime amaigrissant, il part en vacances en Bretagne, se fait rhabiller par un

1. Ann Rocard, *Le loup qui avait peur de tout*, Nathan, 2011.
2. Sophie Carquain, *Cent histoires du soir*, ill. Soledad, Marabout, 2012.
3. Sophie Carquain, Jacques Azam, *24 histoires avant Noël*, Albin Michel Jeunesse, 2011. Voir aussi Grégoire Solotareff, *Le Dictionnaire du Père Noël*, Gallimard Jeunesse, 2011.

grand couturier, il doit livrer une commande chez les vampires (en vêtement cousu d'ail), et doit recruter son successeur...

– **Des petits jeux de mots rigolos.** Pour jouer à partir de situations décalées et totalement anachroniques, préparez deux tas de petits papiers. Écrivez sur les petits papiers du premier tas les noms des personnages des contes classiques (la Belle au Bois dormant, Cendrillon, la méchante reine de *Blanche-Neige*...). Sur les petits morceaux de papiers du tas numéro deux, écrivez le nom d'engins et instruments du XXIe siècle : fusée, iPad, iPhone, téléphone portable... Piochez chacun un petit billet dans chaque tas, et inventez une histoire à deux... C'est irrésistible ! Cet exercice de l'imagination est proposé et préconisé par le célèbre auteur pour enfants Gianni Rodari, dans sa *Grammaire de l'imagination*[1], une bible de la créativité littéraire que tout parent devrait garder sous le coude. Gianni Rodari, quand il était instituteur, n'a cessé de faire progresser l'intelligence de ses élèves, en boostant leur créativité et leur humour. Il nous en donne des pépites dans son livre.

1. Gianni Rodari, *Grammaire de l'imagination*, Rue du Monde, 2010

L'erreur créatrice

Décalage, détournement de personnages classiques, détournement de concepts... Aux yeux de ce génial auteur italien pour la jeunesse, l'erreur est particulièrement créatrice. Gianni Rodari raconte comment, à partir du « couvent des caramélites » (erreur d'un élève qui devait écrire « carmélites »), toute la classe s'est mise à imaginer un couvent entièrement dédié à la fabrication de caramels géants par un groupe de religieuses !

S'il importe de stimuler leur sens de l'humour, c'est parce que ces enfants, à l'intelligence très vive, n'en manquent pas. Et surtout parce qu'ils risquent d'avoir à faire avec un réel qui ne leur convient pas tout à fait. Il leur faudra travailler ou simplement vivre avec des gens avec lesquels ils s'ennuient, il leur faudra supporter des codes sociaux qu'ils auront du mal à comprendre. L'humour les aidera. Eux qui sont de grands idéalistes sont souvent déçus, blessés, attristés par la réalité pas toujours rose, ils trouveront dans l'exercice de l'ironie une merveilleuse arme pour vivre mieux.

L'humour est un bouclier contre les démons intérieurs. Avoir de l'humour, c'est en effet savoir rire de soi-même et des autres face au pire, et par conséquent, être en mesure de se protéger de ce « pire » psychiquement. Les vertus de l'humour sont multiples, sur les plans émotionnel et relationnel (nous y reviendrons). Il permet d'énoncer de manière voilée des vérités inavouables, de faire passer nos idées, de nous faire apprécier des autres. C'est une arme de séduction redoutable, apportée « sur un plateau » avec l'intelligence. Encore faut-il aider l'enfant à stimuler ce talent le plus tôt possible. Un peu plus tard, tout comme notre cher Woody, il pourra alors peut-être dire : « Je n'ai pas peur de la mort, mais le jour où elle arrivera, je préférerais ne pas être là. » Ou apprécier, dans la même veine, ce trait d'humour d'un condamné à mort, amené à l'échafaud un lundi matin : « Voilà une semaine qui commence bien ! »...

Développez son intelligence des sens

Stimulez son ouïe

• **Entre 0 et 12 mois.** L'ouïe, premier sens qui se développe (dès le quatrième mois) *in utero*, est totalement achevée chez le nouveau-né. Pourquoi ne pas placer un carillon éolien dans votre entrée, et un mobile musical au-dessus de sa table à langer ou de son espace de jeu ? Il stimule l'ouïe et la vue. Le bébé l'écoutera tintinnabuler tout en regardant son balancement. Écoutez les bruits de la maison : dans vos bras puis à vos côtés, sensibilisez-le aux sens de la vie quotidienne. Que ce soit le ronronnement de l'aspirateur, les frémissements du réfrigérateur, le souffle de la flamme du gaz, le bruit plus ou moins léger de l'eau qui coule ou du robinet qui goutte, de la chasse d'eau des toilettes ou d'une porte qui grince. La musique de la sonnette de la porte d'entrée, de la sonnerie du téléphone, le cliquetis de la clé dans la porte qui s'ouvre ou que le vent fait claquer, le ronronnement du sèche-linge ou mille autres choses encore. Vous êtes mélomane ? Faites-lui découvrir la magie des sons produits par les doigts qui glissent sur les touches.

• **À partir de 2 ans**, écoutez les sons de la nuit. Un soir d'été, vous êtes encore éveillés alors qu'il fait nuit ? Enveloppez-le dans une couverture et installez-vous dehors. Asseyez-le sur vos genoux et écoutez ensemble les bruits de la nuit. Grillons, petit vent, criquet, chouette ? Crapaud ? Voix lointaine des gens qui se promènent ? Essayez d'identifier les sons. C'est encore mieux si l'on ferme les yeux...

L'odorat

Tout comme Jean-Baptiste Grenouille, le héros du *Parfum*[1], les bébés naissent avec un sens de l'odorat extrêmement développé. Immédiatement après la naissance, ils reconnaissent l'odeur de leur

1. Patrick Süskind, *Le Parfum*, Le Livre de Poche, 1988.

mère, et trouvent le sein en partie grâce à l'odorat. Stimulez à loisir son odorat en lui faisant respirer écorce d'orange, extrait de vanille, rose rouge... en nommant les odeurs les unes après les autres.

Le toucher

Achetez des rubans de différentes couleurs, que vous attacherez, par exemple, à un cintre ou à un autre ruban. Promenez ensuite ces rubans devant lui, en les laissant chatouiller ses bras et ses jambes. Vous pouvez aussi caresser son corps avec des grands carrés de tissu, velours, fausse fourrure, satin. Il existe dans certains magasins des jeux à différentes textures, voire des « livres à toucher », qui intègrent des morceaux de satin, coton, ouate, papier de verre...

Pour ces bébés hypersensibles, il est en outre extrêmement rassurant de percevoir les limites de leur corps. Les petites chatouilles sont faites pour cela ! Ainsi que les comptines à chatouilles :

Tout autour de tes petits pieds
(Avec vos doigts, faites le tour des pieds de bébé.)
L'oiseau chante avec gaieté
(Tapotez-lui légèrement les pieds.)
Tout autour de tes jolis yeux
(Avec vos doigts faites le tour de sa tête.)
L'oiseau chante, tout heureux
(Embrassez-le sur le front.)

• **À partir de 3 ans**. Pourquoi ne pas découper les lettres de son prénom (ou de l'alphabet) dans différents matériaux ? Papier de verre, papier Canson, morceau de satin collé sur du carton, etc. Il associera la lettre au tissu et surtout développera son sens du toucher.

Le goût

Pratiquez le goûte-tout : ce jeu, connu depuis des générations, développe le sens des saveurs chez les enfants... et aussi leur sens de l'humour. Bandez-lui les yeux, et proposez-lui de goûter à différents aliments : sucre, miel, confiture de fraises... Prêtez-vous vous aussi à l'exercice surtout si un autre adulte l'aide dans cette tâche.

Plus diététique : faites-le quand vous préparez une salade de fruits. Les yeux bandés, il goûte un fruit, puis parle de son odeur et de sa texture : sucré, doux, acide, légèrement amer...

Développez son intelligence musicale

La musique apporte énormément aux enfants. Si vous le sentez attiré par ce domaine, n'hésitez pas. C'est une forme d'expression privilégiée, qui stimule les sons, allège l'anxiété... Et se révèle être un moteur puissant de l'intelligence. Ceux qui pratiquent un instrument depuis leur plus jeune âge ont, *dixit* la neurologue Catherine Vidal, un épaississement du cortex cérébral dans les régions qui contrôlent la coordination des doigts et de la vision.

Piano, violon, chant, guitare... Quel que soit l'instrument choisi, il est important de débuter tôt, de préférence avant 7 ans. Les experts[1] s'accordent en effet sur ce point précis : nous sommes, tout petits, capables de reproduire des sons à l'identique, parce que notre discrimination auditive est plus forte avant l'âge de 7 ans. En grandissant, progressivement, nous nous habituons aux sons. On rationalise, on les catalogue, on les identifie... Et on en perd la « substantifique moelle ». D'où aussi l'intérêt de sensibiliser les jeunes enfants aux langues très tôt.

Attention, n'allez pas croire qu'après 7 ans il est trop tard. Certains précoces ne se mettent au piano ou à la guitare qu'à partir de 8 ou 9 ans... pour leur plus grand plaisir.

---

1. Gottfried Schlaug, Andrea Norton, Katie Overy and Ellen Winner, « Effects of the music training on the child's brain and cognitive development », *Ann. New York Academy of Science*, 2005, déc. ; 1060: 219-30.

Chantez en rythme

• **Entre 1 et 3 ans.** Amusez-vous ensemble à chanter avec lui, tout en incluant le geste. Sur un air connu (« Savez-vous planter les choux », « Alouette, gentille alouette »), apprenez à votre enfant à taper des mains et des pieds, en rythme, puis variez le style musical : classique, jazz, rock, slam...

• **Entre 3 et 6 ans.** À travers les comptines, poésies, en insistant sur les allitérations, les répétitions de sons... on lui fait découvrir que le langage peut être musical. Écrivez des poèmes ensemble, sur des rythmes slamés, sur du rap...

Jouez d'un instrument : stimulez son ouïe

Jouez à l'orchestre.

– En fabriquant des maracas : utilisez quatre pots de petits-suisses vides et colorés, que vous laverez et ferez sécher. Mettez de côté quelques grains de riz, de lentilles, quelques perles. Glissez dans un des pots le riz, les lentilles ou les perles, et enduisez de colle très forte le rebord du petit-suisse ou du yaourt. Faites-en autant avec le second pot. Collez les deux pots l'un sur l'autre, tenez-les bien collés... Le tour est joué, et vous pourrez jouer avec votre bébé et lui faire écouter les différents sons (riz, lentilles, perles...). Secouez, c'est prêt !

– Cousez ou attachez des grelots aux manches ou aux chaussettes : en remuant il va provoquer des sons qui le feront éclater de rire.

– Rassemblez boîtes en carton, en plastique, en fer et cuillers en bois : voilà une belle batterie improvisée.

À partir de 3 ans, on peut commencer de petites leçons de musique, en petits groupes, voire la pratique d'un instrument. Le piano est idéal, car il ne requiert pas de doigté complexe. Cependant, n'imposez pas votre choix, proposez-lui, suggérez-lui deux ou trois instruments. L'idéal est de le mettre en contact avec la musique et les instruments dans un jardin d'enfants musical avant même l'apprentissage du solfège. Vous pouvez aussi l'emmener les découvrir dans un magasin spécialisé.

Nourrissez sa mémoire musicale

• **De 1 à 3 ans.** Faites-lui écouter régulièrement la musique et les chansons que vous aimez... C'est la meilleure façon de les lui faire découvrir ! Trénet, Brel, Brassens, Montand, les Beatles... il n'y a aucune limite à ce qu'il pourra aimer ! Faites-lui découvrir aussi les rythmes africains (piochez dans les CD de Nature & Découvertes par exemple). Les très jeunes enfants aiment les rituels : programmez toujours le même air pour le bain, par exemple, ou le coucher...

• **De 3 à 6 ans**. Emmenez-le à des concerts pour enfants. Jouez au « mot manquant » : chantez dans la journée, répétez une chanson en oubliant un mot, et incitez votre petit Mozart à dire le mot manquant. Un jeu idéal pour le moment du bain ou du coucher (surtout si c'est une berceuse).

Développez son intelligence émotionnelle

On constate souvent chez les enfants dits « à haut potentiel » qu'une grande intelligence cognitive s'accompagne parfois d'une intelligence relationnelle fragile et d'une mauvaise connaissance de leurs émotions. Or l'émotion est non seulement une porte ouverte vers le monde, mais aussi une fenêtre ouverte vers soi-même.

Comme l'écrit Bruno Bettelheim[1] : « L'enfant a le plus grand besoin qu'on lui donne une chance de se comprendre mieux au sein du monde complexe qu'il doit affronter. Il faut donc l'aider à mettre un peu de cohérence dans le tumulte de ses sentiments. »

Chez ces bébés hypersensibles, dont on a vu à quel point ils étaient à fleur de peau, il est essentiel

1. Bruno Bettelheim, *Psychanalyse des contes de fées*, Robert Laffont, 2003.

de comprendre les tumultes intérieurs qui les gouvernent. Et à cet âge, avant 2 ans-2 ans et demi, les enfants sont fragiles, vulnérables, débordés par leurs émotions. Ils ont besoin d'un déchiffrage émotionnel.

L'intelligence émotionnelle, qu'elle soit portée sur le déchiffrage des émotions de l'autre ou des siennes propres, est une force. Être élevé par des parents émotionnellement intelligents est un vrai « plus ». C'est la raison pour laquelle il est si important d'apprendre à un enfant à identifier toutes ses émotions – colère, tristesse, peur, joie, amour, surprise, honte... – et de lui enseigner, ensuite, qu'il peut toujours choisir la réponse à donner à cette émotion. Bref, qu'il en est le maître, et non la victime[1]. On ne devient un adulte épanoui que si l'on a eu la chance, tout petit, d'exprimer ses émotions au lieu d'être bridé, étouffé. C'est une évidence que trop de parents négligent encore aujourd'hui.

Les tout premiers jours

– **Les émotions des nouveau-nés.** Revenons aux tout premiers instants. Comment le bébé qui vient au monde ne se sentirait-il pas en plein désarroi, devant cette foule de sensations nouvelles, bruits,

1. Monique de Kermadec, *Pour que mon enfant réussisse. Le soutenir et l'accompagner*, Albin Michel, « Questions de parents », 2010.

lumière souvent aveuglante, changements de température, bips des appareils ? À nous d'en prendre conscience le plus tôt possible. Pour certains, l'impact émotionnel débute encore plus tôt, *in utero*. D'après le psychanalyste Saverio Tomasella[1], l'hypersensibilité peut débuter très tôt, dans les six premiers mois de la vie – et même pendant les trois derniers mois *in utero*. Si un événement marquant a lieu, si la grossesse se passe mal, si une amniocentèse est décidée, par exemple, à sept ou huit mois et que la mère est débordée d'angoisse, le fœtus est soumis à un « tourbillon émotionnel » sans pouvoir mettre des mots sur ce tumulte. Cela forge une grande sensibilité de départ. Pour d'autres, cela commence plus tard, avec des parents dépressifs, très rigides ou qui ont peu accompagné leurs émotions... Victimes des codes sociaux ou parentaux, les bébés peuvent alors développer une anxiété, une susceptibilité, une hyperexpressivité, ou, bien au contraire, un syndrome « hérisson » : roulé en boule, sans rien exprimer.

Le prendre dans les bras, le laisser pleurer ? Telle est la question... Si votre bébé pleure ou crie, vous entendrez certaines « bonnes âmes » vous conseiller de ne pas le prendre dans les bras, de le laisser crier, sous peine de le voir devenir « addict ». Rappelez-vous que les nourrissons

---

1. Saverio Tomasella, *Hypersensibles, trop sensibles pour être heureux*, Eyrolles, 2012.

ont besoin d'expériences positives, besoin d'être « écoutés » dans leurs émotions pour développer un sentiment de sécurité intérieure qui les rendra plus paisibles. Certaines études américaines ont d'ailleurs prouvé que, pour un groupe d'enfants donné, ceux qui étaient pris régulièrement dans les bras pendant les premières semaines pleuraient moins à 10-12 mois que ceux qui avaient été laissés seuls face à leurs émotions. Facile à comprendre : ils n'avaient pas besoin d'être rassurés comme les autres...

– **Aidez-le à se rassembler.** Si les bébés ont besoin de câlins, ça n'est pas simplement pour savourer un geste de tendresse... C'est parce qu'ils ont la nécessité impérieuse d'être contenus physiquement, donc psychiquement. Être contenu ? Cela signifie être rassemblé, ne pas partir dans tous les sens, éviter la débandade émotionnelle ! Il suffit parfois de tenir le bras, de poser une main sécurisante sur son épaule, sur sa cuisse. Avec les enfants agités, ces gestes, assortis de mots, rassurent beaucoup. Usez également du porte-bébé dans l'appartement : parce qu'il contient, il rassure. Autre astuce : le « nidou », une sorte de gros boudin rembourré et long, dont vous pouvez entourer le bébé, sur son matelas, dans son lit. Les crèches demandent aux mamans de le fournir – c'est un substitut de bras maternels –, que l'on peut coudre soi-même ou acheter sur Internet.

– **Les deux erreurs : ignorer et minimiser.** En tant que parents, il nous arrive bien entendu de faire quelques erreurs. Surtout quand nous pensons faire le bien de nos petits. C'est particulièrement vrai sur le plan émotionnel. Nous ignorons souvent ou minimisons l'expression de leurs sentiments, *a fortiori* s'ils sont négatifs. Alors qu'il faudrait, pendant ces moments forts, les regarder, se rapprocher d'eux, expliquer ce qui se passe en eux.

– **Première étape : ne pas étouffer sous prétexte de rassurer.** Le plus important est en effet de l'écouter. S'il ne comprend rien à ses propres émotions, il ne risque pas d'entendre grand-chose à celles des autres. Devant un bébé qui sanglote, qui rage, les parents agissent trop souvent comme des éteignoirs. « Allons, arrête de pleurer, je vais te donner ton biberon », « C'est fini, maintenant, voilà ta sucette ». Alors qu'il faudrait tenter d'écouter, de décrypter, et de mettre des mots sur cette colère. « Tu m'as l'air d'avoir quelque chose à me dire, je vais essayer de comprendre. » C'est encore plus vrai avec ces bébés hypersensibles, à fleur de peau. Mais si nous écoutons si peu leurs manifestations d'opposition, n'est-ce pas parce que nous craignons d'être débordés, de ne plus pouvoir gérer les débordements émotionnels ? Notre réaction de parents est parfois de se dire : « Allez, vite, il faut passer à de l'émotion positive. »

– **Suradaptation au milieu.** Dans son livre majeur *Le Drame de l'enfant doué*[1], la psychologue Alice Miller évoque le cas de ces bébés dont les émotions n'auraient pas été considérées à leur juste mesure. « À la différence de l'adulte, note-t-elle, l'enfant est réellement menacé par l'intensité des émotions, s'il ne bénéficie pas d'un entourage empathique. » Or, si elles n'ont pas été prises en compte par les adultes, validées en quelque sorte, mises à distance, le nourrisson se sent si menacé par elles qu'il risque de « poser un couvercle » sur cette marmite émotionnelle. Et s'il agit ainsi, sans vraiment le savoir, c'est en quelque sorte pour répondre aux besoins de sa mère, pour continuer à se faire aimer d'elle. Une maman un peu dépressive, triste, souffrant par exemple de blues du post-partum – ou dépression après l'accouchement –, aura beaucoup de peine à gérer les crises de rage, l'anxiété d'un bébé. Le tout-petit le sent, et s'adapte en quelque sorte aux besoins maternels. C'est pour continuer à se faire aimer d'elle qu'il a, pourrait-on dire, l'intelligence d'agir ainsi. C'est ce que l'on pourrait nommer « suradaptation précoce au milieu ».

Et c'est ce qui le conduit, par exemple, devant le manque d'empathie de ses parents, à brider sa faim, à minimiser l'expression de son angoisse. C'est ainsi que le bébé risque de perdre son « self », son « noyau d'être ». Le faux self peut

1. Alice Miller, *Le Drame de l'enfant doué*, PUF, 2003.

ainsi prendre ses racines extrêmement tôt, dès les premières semaines, et mener parfois à des dépressions larvées qui perdurent à l'âge adulte... Nous connaissons tous le cas d'adultes particulièrement dépressifs à l'âge mûr, parce que leurs émotions ont été méconnues ou ignorées à l'âge tendre. Ces patients ne sont pas particulièrement maltraités pendant l'enfance mais ils ont simplement dû s'adapter à la situation, apprendre à ne pas pleurer, à ne pas avoir faim, à n'avoir aucun besoin, pour « rendre heureuse » leur mère. Il serait bien évidemment grossier et caricatural de faire l'équation : manque d'écoute-dépression à l'âge adulte, car tout est bien sûr rattrapable. Mais il serait tout aussi pernicieux de mépriser cette idée... La répression des émotions, chez les tout petits bébés, en particulier les bébés hypersensibles et doués, n'est pas une bonne chose.

Aidez-le à se comprendre

Autre petite erreur : les parents comprennent ce que l'enfant ressent, mais n'expliquent pas toujours. Qu'est-ce qui nous retient de le faire ? Est-ce de la pudeur, de la désinvolture ?

Quand un bébé pleure et réclame un gâteau, quand il sanglote parce que sa mère le laisse à la crèche, quelle est notre réaction ? Nous cherchons à minimiser, à étouffer la crise. « Non, non tu dois attendre le repas », « Ne pleure pas, elle reviendra plus tard ». Est-ce ainsi que l'on éduque un enfant à comprendre ses propres émotions ? Certainement pas. Il faut dans un premier temps, l'écouter, et au besoin reformuler ses émotions. « Tu es triste, je le vois bien, car ta maman est partie. Que pourrions-nous faire ensemble pour que tu le sois un petit peu moins ? As-tu une idée ? Je vais chercher avec toi... » C'est très précisément de cette manière que Françoise Dolto agissait avec les bébés en séance. Un bel exemple de déchiffrage émotionnel nous est fourni par Sophie Chérer, dans sa biographie *Ma Dolto*[1]. La romancière y relate son séjour à la maternité, lors de la naissance de sa fille. Le hasard l'a placée dans la même chambre qu'une jeune accouchée, mère d'un garçon, qui semble plutôt déprimée. Son désir étant d'avoir une fille, elle n'a pas encore trouvé de prénom pour ce bébé qui ne cesse de pleurer et de hurler. Les cris et les pleurs se poursuivent pendant quatre jours. Jusqu'au moment où l'une des sages-femmes prend l'affaire en main. Persuadée que le bébé hurle parce qu'il n'a pas encore de nom, elle conseille à la mère d'en trouver un rapidement. « C'est parce qu'il n'a toujours pas de nom qu'il braille comme un damné, cet enfant. Mettez-vous un peu à sa place ! Ça vous plairait, à vous, de ne pas avoir de nom ? Moi aussi, je passerais mon temps à râler, si j'étais lui ! [...]. Alors vous lui en trouvez un joli, de nom, et

1. Sophie Chérer, *Ma Dolto*, Stock, 2008.

vous le prenez dans vos bras pour lui dire [...]. » Le soir même, l'enfant était prénommé Cyril. « Je ne peux obliger personne à me croire, précise Sophie Chérer, mais j'en témoigne : dès cet instant, le petit Cyril s'est arrêté de pleurer. Il a fixé sa mère avec attention. Il était enfin né. Il a eu droit de cité. » La sage-femme avait compris que le prénom allait permettre au bébé de « se rassembler », précisément, de trouver de la force vitale, de l'unité, pour lutter contre le tumulte des émotions.

L'angoisse déchiffrée

Autre exemple de déchiffrage émotionnel : Sophie Chérer raconte l'angoisse qui règne dans une salle d'attente d'un hôpital parisien. Une salle d'attente pas comme les autres, et plutôt beaucoup plus anxiogène, puisqu'elle est remplie de patients qui s'apprêtent à passer un scanner du cerveau. Dans cette salle d'attente, une toute petite fille accompagne sa mère et son frère. C'est ce dernier qui est malade. La petite fille hurle à fendre l'âme, raconte Sophie Chérer, jusqu'à s'attirer les foudres des autres patients. L'auteure elle-même n'y tient plus. Elle vient s'accroupir devant la petite fille pour lui dire ce qu'elle a sur le cœur : « Écoute-moi bien, ma vieille. On est tous dans la même galère, on a peur de la maladie et de la mort. On a tous quelqu'un qu'on aime qui va mal. Toi, c'est ton frère, moi, c'est ma maman. Et moi aussi j'ai envie de hurler. Mais si tout le monde hurlait comme toi, on deviendrait sourds. » L'auteure raconte alors quel silence concentré a suivi son petit laïus. Dans la salle d'attente, on lui a fait remarquer qu'elle avait vexé l'enfant. Sophie Chérer confectionne aussitôt une petite cocotte de papier qui vient faire un bisou à la petite fille. « Certains penseront aussi qu'elle a été distraite de son chagrin, conclut Sophie Chérer. Mais je suis persuadée, au contraire, que ce que je lui en ai dit en face lui a permis de s'y plonger, de le reconnaître, pour mieux l'accepter. » Bel exemple d'aide au déchiffrage. La petite fille a appris quelque chose sur elle-même, sur la souffrance du monde, et elle en est sortie plus intelligente émotionnellement.

Plus tard, sorti de l'âge des biberons, il en va de même. « Je regrette de ne pas avoir suffisamment éduqué ma fille sur le chemin de ses propres émotions, affirme Sidonie. Nous regardions un spectacle de Noël, *La Sorcière de la rue Mouffetard*. Quand elle est arrivée sur scène, avec son chapeau vert et ses yeux rouges fluorescents, elle était absolument effrayante. Je me souviens de lui avoir chuchoté à l'oreille, mi-grondeuse, mi-moralisante : "Allons, tu es grande, maintenant !" Je trouvais qu'en effet, Chloé était du même âge que les autres enfants, et j'étais sans doute gênée de la voir aussi peureuse. J'étais loin d'imaginer qu'elle appartenait à ces enfants très doués, qui sont également hypersensibles et souvent sujets

à la peur. J'aurais probablement dû la rassurer un peu plus et lui expliquer pourquoi et comment on l'avait rendue si effrayante (yeux fluo, etc.). »
Nathalie se félicite au contraire d'avoir bien su gérer la tristesse de son fils, pendant un spectacle du *Petit Prince* réservé aux enfants. « Hugo a toujours été formaté sur le modèle de son papa : un enfant assez inhibé, qui exprimait peu ses émotions. Mais de temps en temps, soudain, sans que l'on puisse anticiper ses réactions, il se transformait en fontaine... C'est ce qui s'est produit pendant le spectacle du *Petit Prince* adapté aux tout-petits. Quand le Petit Prince et le renard se sont quittés, Hugo s'est mis à verser d'énormes larmes. Sur le trajet du retour, dans le métro, il était inconsolable. Je lui ai demandé ce qui le rendait si triste, il m'a répondu : "C'est triste", et je lui ai demandé ce qui le rendait aussi triste. N'était-ce pas le fait de quitter ses copains ? À quel moment avait-il dû quitter ses copains lui aussi ? Le Petit Prince était aussi triste que lui, Hugo, quand nous avions dû déménager ; qu'il a quitté ses copains et s'est retrouvé assez seul à l'école maternelle. Je lui ai alors expliqué que nous avions chacun notre propre sensibilité ; et que, comme les spectacles nous font revivre certaines choses que nous avons connues, nous n'étions pas sensibles aux mêmes spectacles. Lui, Hugo, avait été très triste pendant ce moment de séparation du Petit Prince et du renard, parce que, peut-être, il avait vécu

cela. "Moi, lui ai-je alors précisé, c'est la fin qui m'a rendue très triste, car le Petit Prince se fait mordre par un serpent, et qu'il disparaît de la planète. — Non, ça n'est pas ça", a-t-il répondu. Mais il s'est assez rapidement arrêté de pleurer. Et j'ai vu, dans son regard, qu'il m'était reconnaissant d'avoir compris son mal-être. »

La seconde erreur consiste à ne témoigner aucun respect pour les émotions de son enfant, à lui en faire reproche, et à formuler des critiques. Dans ces familles psychorigides, la colère est interdite, les émotions n'ont pas droit de cité. Or, parfois, après une journée loin de vous, même si tout s'est très bien passé à la crèche, il peut avoir envie d'évacuer toutes les tensions accumulées. Alors, ne vous chagrinez pas. Il veut partager ce moment avec vous, et non pas vous « faire payer » (ce que l'on dit trop souvent) le fait de l'avoir laissé seul pour la journée. Le fait qu'il s'exprime ainsi est une preuve de confiance. Certains parents le prennent très mal et envoient l'enfant dans sa chambre. Renvoyer son enfant dans sa chambre, pour prendre du large, alors qu'il est en train d'exploser comme une Cocotte-Minute est peut-être une bonne idée pour le contenir. Mais il faut ensuite assurer le « service après-vente ». Et revenir sur ce moment difficile. « Pourquoi t'es-tu mis à hurler, tout à l'heure ? Est-ce que ta journée a été difficile ? Te sens-tu triste pour une raison ou une autre ? » Vos mots l'apaiseront.

À nous d'être attentifs aux réactions émotionnelles du bébé, de les accueillir dans leur diversité, sans en être détruits ni chagrinés.

Les petits jeux

En dehors des moments d'interprétation, vous pouvez aussi sélectionner des petits jeux qui l'aideront à apprivoiser ses émotions.

– **Les émotions de ma main.** C'est une petite histoire pour mettre les émotions en mots et en signes. Il faut être expressif, et théâtraliser un peu, pour bien souligner chaque état émotif.

Fermez votre main au départ, puis dépliez les doigts les uns après les autres.

Comment vont tes doigts ? (Visage interrogatif, sourcils levés.)

Puis le pouce et l'index d'une main déplient l'auriculaire de l'autre main et le laissent déplié ;

Celui-là est content (visage réjoui).

Le pouce et l'index de la main gauche déplient l'annulaire :

Celui-là pleure (visage fermé, gros sanglots).

Le pouce et l'index de la main gauche déplient le majeur :

Celui-là est en colère (sourcils froncés, traits tirés...).

Le pouce et l'index déplient l'index.

Celui-là a un peu peur.

Puis… ils déplient le pouce.

Et celui-là dort (voix chuchotante) *CHUT !*

La main ouverte enveloppe l'autre main, comme pour servir de toit ou de couverture…

– **À partir de 9 mois : regarder des frimousses de bébés**… Selon certains chercheurs britanniques, les bébés même nouveau-nés sont plus attirés par les bouilles de bébés que par d'autres photos. Très tôt, ils parviennent à décoder leurs expressions. Pourquoi ne pas découper dans des magazines et sur des photocopies de photos des visages de bébés souriants, exprimant la peur, la joie, la tristesse, la colère, l'étonnement… Vous pouvez ensuite raconter une petite histoire pour chaque visage, et les commenter les uns après les autres. Ensuite, vous pouvez aussi imiter leurs expressions, l'une après l'autre.

– **À partir de 12 mois : les mimiques du petit singe.** Les petits adorent imiter les expressions des grands. Surtout quand il s'agit d'incarner des petits singes ! Mimez, tout en théâtralisant, les grandes émotions, et demandez à votre enfant de vous imiter.

1. La tristesse : Petit Singe est très triste. Ce matin, en se levant, il n'a plus trouvé le régime de bananes qu'il avait posé auprès de lui avant de s'endormir.

2. La faim et l'anxiété : il a très faim, son ventre gargouille, et ça le rend malheureux. Il a très peur : comment va-t-il pouvoir se nourrir ?

3. La colère : soudain, il voit son copain à côté de lui, assis sur un régime de bananes. Ce sont les siennes, il en est certain, car il reconnaît la forme, la taille des bananes. Il entre dans une vraie colère, une rage ! (Théâtraliser la colère.)

4. La honte : le copain singe le regarde, baisse les yeux, il rougit, il tord la bouche... Il a honte, il se sent coupable. « J'avais si faim. Excuse-moi... Je n'ai pas pu me retenir ! »

5. La compassion, la gentillesse : la colère tombe tout d'un coup chez Petit Singe (le visage se détend, un petit sourire apparaît, les yeux se mouillent un peu). Il est très ému, il a un peu pitié. « Je te comprends. Nous allons les manger ensemble, ces bananes. »

À travers ce petit jeu, il ne s'agit pas de les inviter à « plaquer » des pseudo-émotions sur un scénario, mais de les encourager à s'exprimer !

– **Le jeu du square : le conflit.** Cet exercice met en scène les émotions suivantes : l'envie, la colère, l'agacement extrême, l'autorégulation de son émotion, les rires, la joie... Jouez cette petite scène en la théâtralisant un peu, et en racontant cette narration :

1. Deux petits enfants sont assis dans un square. L'un des enfants, le plus petit, possède un seau et une magnifique pelle métallique. Il creuse. L'autre

petit enfant le regarde, et exprime beaucoup d'envie. Il ressent une telle envie, au fond de lui, que ça le pousse à ressentir une certaine agressivité. Il VEUT la pelle. C'est très injuste, lui, il n'en a pas ! « Donne-moi ta pelle ! » Il tend la main et veut l'attraper.

2. L'autre enfant, plus petit, ressent en premier lieu de l'émotion, un petit peu de peur (exprimer la peur, on se ratatine sur soi-même, on observe son vis-à-vis avec un peu d'anxiété). Il ne répond rien, mais range sa pelle de l'autre côté, hors de portée.

3. L'enfant frustré exprime de la rage et une colère croissante à mesure qu'il voit la réaction de peur chez son copain : « Tu n'es pas gentil ! Prête-moi cette pelle. »

4. Le petit se renferme encore plus sur lui-même. Il bloque toute la communication. Il pince les lèvres, et, quand il voit l'autre approcher, se met à pleurer : « Maman ! »

5. La maman de l'enfant le plus petit intervient : « Tu pourrais peut-être la lui prêter deux petites minutes ? Je reste là. Il te la rend très vite. » Le petit accepte, il est soulagé (exprimer le soulagement). Il accepte de mauvais gré, mais se sent mieux. « Et si vous creusiez un trou tous les deux ? Il serait encore plus profond », propose la maman, avec un grand sourire.

6. Les deux enfants se regardent, méfiants, puis souriants. Finalement les deux enfants jouent ensemble. Et ils ressentent beaucoup de JOIE.

• À partir de 3 ans

– **Le jeu des marionnettes.** Prenez l'habitude d'utiliser des marionnettes pour l'inciter à parler de ses émotions. Vous pouvez en enfiler une sur votre main, et l'utiliser dans un premier temps pour parler de vous. « Maman aujourd'hui n'est pas très contente ; au travail, les choses ne se sont pas très bien passées... » Passez-lui ensuite la marionnette. (« Et Caroline, qu'en pense-t-elle ? »)

Autre possibilité : utilisez deux marionnettes, l'une à visage souriant, l'autre avec un visage triste ou renfrogné. Chacune d'entre elles aura à charge d'exprimer joie, tristesse, peur...

– **L'émotion par les livres.** Ces enfants hypersensibles, et si pudiques, ne supportent pas toujours qu'on leur parle frontalement de leur propre tristesse, de leur peur, de leur honte. Alors quelle meilleure façon, pour leur faire accepter, comprendre et intégrer leurs sentiments, que leur lire des histoires imaginaires qui leur parlent d'eux de façon détournée ? Par la force du déplacement poétique et de la distanciation, l'histoire évoque un autre qu'eux-mêmes sans heurter leur sensibilité[1]. Les petits

1. Sophie Carquain, *Petites histoires pour devenir grand, à lire le soir pour aborder avec l'enfant ses peurs, ses tracas, ses questions*, ill. Michel Boucher, Albin Michel, 2003, Le Livre de Poche, 2009.

animaux, les princesses, les dragons et autres petits vampires vont leur permettre de comprendre et d'amadouer leurs réactions par personnage interposé.

Les histoires du soir parlent de subconscient à subconscient... Et l'émotion que les enfants ressentent, à la lecture d'une histoire, ouvre en eux comme une brèche. Les yeux brillent, les sourires se forment, le menton tremble. Quelque chose bascule, vacille, quelque chose « se passe », comme dit le poète. Le message pénètre au cœur de leur être. L'émotion littéraire est un formidable vecteur d'idées, tellement plus efficace qu'un discours rationnel... Elle leur permettra de comprendre le monde, et surtout de mieux se comprendre.

Développez son intelligence relationnelle

L'intelligence relationnelle est la capacité de comprendre les interactions avec autrui. Ce que l'on constate des enfants surdoués est simple : il y a parfois un décalage notable entre leur brillante intelligence cognitive et leurs capacités à se « connecter » avec les autres. Ne dit-on pas de ces enfants qu'ils se retrouvent souvent seuls, décalés, exilés dans la cour de récréation ? Quel que soit le QI de votre enfant, d'ailleurs, il importe de développer son intelligence sociale pour ne pas risquer un repli et une sensation d'isolement difficiles à vivre. Ce n'est certes pas une fatalité, bien au contraire. Préparer son enfant précoce à réussir, c'est aussi l'aider à construire des relations positives avec ses contemporains, ses frères et sœurs, ses enseignants et ses parents[1].

Tout bébé, il nous regarde

Revenons au tout début de l'intelligence sociale. Comme l'a signalé le pédiatre Winnicott, le tout-petit a un besoin crucial du contact et du regard de l'autre pour se sentir exister, tout simplement. Imaginez un bébé laissé à l'abandon 24 heures sur 24. Comment, sans cette précieuse conscience de soi, qui va se développer, aurait-il la moindre certitude qu'il vit ?

Dès la naissance : à vous d'encourager les liens familiaux, avec papa, maman, les frères et sœurs qui sont les premiers « intégrateurs sociaux ». Sachez que, tout petit, le bébé a déjà une forme d'intelligence sociale : il ferme les yeux de contentement quand il voit sa mère et agite ses pieds quand il voit son père, ou son grand frère. C'est la promesse de jeux et de chatouilles.

Le principal est de répondre à ses sollicitations, même si elles sont très discrètes, au début de sa vie. Il ouvre grands ses yeux en vous observant ?

---

1. Monique de Kermadec, *Pour que mon enfant réussisse. Le soutenir et l'accompagner, op. cit.*

Il agite sa menotte ? Faites-lui comprendre que vous avez compris ses signes, fussent-ils discrets, et que vous y répondez. En revanche, n'en faites pas trop. Certains parents soûlent leurs enfants de leur verbiage permanent... L'excès de communication tue la communication. Nous obtiendrions le même effet qu'avec une radio branchée en permanence. Les mots ne forment plus qu'une « soupe de mots », et ce qu'on appelle « communication » n'en est plus du tout puisque la maman se parle à elle-même. C'est l'une des raisons pour lesquelles la crèche (nous y reviendrons dans le dernier chapitre) n'est pas forcément le meilleur mode de garde dès 3 mois. Alors qu'il y a vingt ans on ne jurait que par les crèches, censées faire de nos bébés des champions de la communication, aujourd'hui on en revient un peu. Et pour une raison : pendant les premiers mois de sa vie, le bébé n'est capable de nouer des relations – de vraies relations – qu'avec son cercle d'intimes, parents, frères et sœurs, grands-parents. La crèche ne l'encouragera pas à nouer plus de relations, et bien au contraire, pour des bébés hypersensibles, l'autre peut être considéré peu ou prou comme une menace (surtout si cet autre est mordeur et bruyant). Si certains bébés très jeunes sont très heureux à la crèche, d'autres auraient tout intérêt à attendre 12 mois. « C'est bien simple, raconte Sophie. J'ai mis mon Fabio à la crèche à l'âge de 4 mois et demi. J'avais une place, et j'étais supercontente. C'est également un mode de garde extrêmement rassurant. Mais l'adaptation – c'est-à-dire la période pendant laquelle vous vous habituez à la séparation – a été épouvantable... pour moi. C'était mon premier-né, je ne pouvais me résoudre à le laisser. Je pleurais toutes les larmes de mon corps. Fabio ne pleurait pas, mais j'ai décidé de ne pas renouveler l'opération. Quand trois ans après, Léa est née, j'ai choisi une nounou et je ne l'ai mise qu'à 14 mois à la crèche au moment où on a vraiment envie de nouer des amitiés avec les autres. C'est peut-être un hasard, mais Léa est beaucoup plus sociable que Fabio. Paradoxalement, elle s'est bien mieux adaptée à l'école maternelle que son frère aîné, qui est toujours resté un peu sauvage. »

À partir de l'âge de 6 mois, sa vision, son audition s'affinent. Vous serez étonnés et émus de voir quel regard adorateur il pose sur ses grands frères et sœurs. Les bébés ne sont pas uniquement avides de caresses ; ils réclament des stimuli sociaux que peuvent leur fournir les aînés. « J'ai trois enfants, confie Karine. Et j'ai toujours été extrêmement étonnée du regard très particulier que chacun de mes deux plus jeunes a posé, à un moment donné, sur les aînés. Des yeux d'amour, d'admiration. Ils savent que le contact avec les aînés est riche. » À vous d'encourager ces stimuli-sociaux : comptines, chatouilles... Présentez-lui en bonne et due forme vos amis de passage à la maison mais aussi les voisins croisés dans les escaliers, dans la rue.

Éteignez le téléphone !

Au quotidien, efforcez-vous d'avoir de vrais moments avec lui. Et formulez ces mêmes exigences auprès des nounous, baby-sitters, ou grands-parents. Éteignez votre portable, cessez de courir après le repas, le linge, de ramasser un jouet, de ne penser qu'à la minute suivante. Éteignez la radio (préférez la musique), de façon à lui faire comprendre qu'il ne peut y avoir qu'une « voix communicante ». Quand on travaille et que l'on récupère les enfants le soir, il faut savoir être totalement à eux, dans le présent et l'instant *t*. Plus vous serez authentique et disponible avec eux, plus vous leur montrerez, dès les premiers mois de vie, en quoi consiste une vraie relation avec les autres. Et plus ils aimeront communiquer.

Huitième mois : renforcement de la socialisation

Quant à l'étape du huitième mois (le bébé se détourne des autres, et se calfeutre dans le cou de sa maman), nous la considérons bien trop souvent comme une étape négative dans la socialisation. C'est un contresens. Lorsque l'enfant l'affronte, la traverse et la surmonte, l'autre devient un vrai « autre », dans toute sa singularité et sa différence ; un autre dont on a un peu peur – quoi de plus normal ? Quand votre grand bébé aura traversé cette étape, surmonté cette angoisse, il prouvera qu'il est devenu un « animal social ». Il est capable désormais de vivre parmi les autres, tout en n'étant ni « scotché » à eux ni exclu. Après cette épreuve, entre 9 et 12 mois, le bébé commence à avoir de vraies attirances, magnétisé par certains visages, repoussé par d'autres. Serait-ce le début des affinités électives ? C'est la preuve en tout cas qu'il est capable d'aimer – un grand pas dans l'histoire de l'humanité et dans sa propre histoire. Comme l'écrit le sage hindou Swami Prajnanpad, « aimer, c'est comprendre et sentir que l'autre est différent[1] ». On ne saurait mieux le dire...

Entre 1 et 2 ans

La rencontre avec d'autres enfants, à cet âge, est facilitée par l'acquisition de la marche. Et alors nous voyons nos tout-petits débouler comme un seul homme dans le square, faire quelques pas vers les « copains » ! Bref, son univers s'élargit, et son cercle d'intimes dépasse bientôt le strict cadre familial. À nous de l'aider à élargir ses amitiés en lui présentant nos proches : la boulangère, l'amie, la collègue... Faites de toute visite une petite fête, en sortant un joli vase, en le recoiffant, en le présentant en bonne et due forme... Votre tout-petit vous sollicitera de lui-même en pointant les individus du doigt (« Qui est-il, celui-là ? »). Au square, incitez-le également à entrer en contact avec les autres, en vous adressant directement au petit

1. *In* Danielle et Olivier Föllni, *Sagesses, 365 pensées des maîtres de l'Inde*, La Martinière, 2004.

copain : « Bonjour, comment t'appelles-tu ? Tu as un très joli petit camion rouge »... mais n'attendez pas trop que « quelque chose » se passe spontanément. À cet âge, les enfants jouent encore les uns « à côté » des autres. L'enfant du même âge est peu ou prou considéré encore comme un petit gêneur susceptible de lui voler son râteau !

Fausse bonne idée : pour booster la socialisation, tous les parents du monde pensent qu'il faut encourager l'enfant à prêter, voire à donner... Mais à 1 an, tout précoces qu'ils sont, ils n'en ont pas encore la capacité psychologique et se sentent profondément insécurisés quand on leur prend leurs propres affaires. Ne le forcez en aucun cas à prêter sa petite voiture, son râteau ou sa pelle. Votre enfant pour l'instant n'est ni altruiste ni philanthrope ! À la crèche ou dans des modes de garde collectifs, le prêt est plus aisé car il existe un fonds commun de joujoux et autres accessoires qui appartiennent à la collectivité. Avec des auxiliaires diligentes qui interviennent pour modérer les débats et les conflits ! Ne vous formalisez pas s'il reste très « perso » dans son jeu, même si vous devez l'encourager à entrer en contact avec son camarade : « Si tu lui prêtes ton jouet, il te prêtera le sien, et cela vous fera beaucoup plus de jouets ensemble, tu ne penses pas ? » Poussez-le vers les autres, tout en sachant qu'il n'est pas encore capable de développer de vraies amitiés.

– **Incarnez votre communication : langage du corps, langage des signes.** C'est essentiel avec ces enfants-là, trop enfermés dans leur bulle, souvent trop déconnectés du réel. On les dit distraits ? Ramenez-les à l'instant *t*. Cela signifie théâtraliser souvent les relations, les regarder avec intensité, leur toucher le bras plutôt que hausser le ton quand on doit édicter une consigne. Évitez de hurler de l'autre bout de l'appartement. Soyez présente à ce que vous dites, et commencez très tôt.

Dans le même ordre d'idées, vous pouvez développer aussi une forme de langage des signes avec votre bébé surdoué... Une sorte de *« baby sign »*, comme le suggèrent Nathanaëlle Bouhier-Charles et Flavie Angereau dans leur livre[1].

À partir de 2 ans

À cet âge, il a vraiment conscience des liens verticaux (avec ses parents) et horizontaux (avec ses frères et sœurs). Ce cadre familial va l'aider à structurer et à comprendre l'éventail de ses relations sociales, et ses sentiments vis-à-vis des autres. Oui, tout le monde n'est pas « traité » de la même manière. Il existe la connivence, la complicité, l'autorité, le respect... Tout cela fait partie des codes sociaux, dont vous devez l'entretenir.

---

1. Nathanaëlle Bouhier-Charles, Flavie Angereau, *100 activités pour bien communiquer avec mon bébé*, Nathan, 2012.

Un enfant de 2 ans doit sortir du cocon familial, sous peine de développer un vrai repli autistique. C'est le vrai bon moment pour l'inscrire en crèche ou à la halte-garderie. Ingéniez-vous à lui faire rencontrer du monde un peu chaque jour, même si ça n'est que pour deux ou trois heures.

– **Une fausse bonne idée.** La scolarisation précoce, en revanche, n'est pas toujours recommandée. Contrairement à ce que l'on pense, elle n'est pas idéale pour « dégourdir » les petits timides, qui passent d'un adulte référent pour huit à douze enfants (à la crèche) à un adulte référent (la maîtresse) pour trente petits. Les hypersensibles peuvent parfois, s'ils ne sont pas prêts, se trouver quelque peu « refroidis » par ce « grand bain social » et bruyant qu'est l'école maternelle. Certains peuvent même se mettre en retrait. Avant d'opter pour la scolarisation précoce, étudiez le niveau relationnel de votre enfant. S'il est timide, en retrait, n'allez pas penser que vous pourrez améliorer son comportement en l'inscrivant plus tôt à l'école. Cela ne vous empêchera pas, par la suite, de songer à un éventuel saut de classe si cela se justifie – ce que nous étudierons un peu plus tard dans le dernier chapitre.

– **Aidez-le à déchiffrer les autres.** Toutes les occasions sont bonnes pour l'aider à décoder le *body language,* le fameux langage émotionnel du corps. Bras croisés, sourcils froncés, ou, au contraire, sourire épanoui et mains sur les hanches ? Le décryptage du langage émotionnel chez les autres devrait s'enseigner dès l'école maternelle. Ce n'est pas le cas ? N'hésitez pas à en user et abuser. Quand vous regardez un dessin animé avec lui, décodez le bougonnement de l'ours : « Regarde comme il est en colère ! Les sourcils froncés, il gonfle le torse », ou devant un personnage agacé : « Tu vois, il se tient très raide. Il est si énervé que son corps n'est pas détendu. » Toutes ces remarques lui seront très utiles pour déchiffrer, dans le réel, cette fois, le comportement des adultes et des copains qui l'entourent. Avec sa précieuse intelligence, il parviendra à transformer toutes ces petites « pépites » en un vrai manuel d'intelligence sociale...

À partir de 3 ans : l'amitié en mode majeur

C'est à cet âge, nous l'avons vu, que naissent les vraies amitiés. Le sociologue Francesco Alberoni a très bien étudié ce phénomène dans *L'Amitié*[1] : « Le pic des amitiés enfantines, déclare-t-il, se situe au tout début de l'entrée à l'école maternelle, puis à l'entrée au cours préparatoire. Ce sont deux moments forts dans la vie des enfants. Les amis leur sont utiles pour dépasser ces caps. Amitié intéressée ? Certes, mais laquelle ne l'est pas ? »

---

1. Francesco Alberoni, *L'Amitié*, Pocket, 1995.

En revanche, à cet âge, les « amitiés déséquilibrées » peuvent exister aussi. On voit les enfants commencer à s'approprier systématiquement les meilleurs rôles dans les jeux, et à placer sous leur coupe les plus timides. Méfiez-vous comme de la peste de ces situations un brin perverses. Si vous avez le sentiment que votre petit surdoué est dans cette situation délicate – cela n'est pas rare –, si la maîtresse vous a mis la puce à l'oreille, tâchez de lui en parler, de façon très ouverte et interrogative. « Sarah sait vraiment ce qu'elle veut, j'ai l'impression qu'elle a très souvent les rôles de princesse, tu ne penses pas ? » Si vous assistez à une scène de la sorte, suggérez une savante rotation de rôle. « Et si nous changions, maintenant ? Coralie devient la princesse ? » S'il ne vous parle jamais de ses copains, n'hésitez pas à prendre les devants : demandez un rendez-vous à la maîtresse pour savoir s'il n'est pas trop isolé. Et si tel est le cas, les choses se régleront rapidement si vous encouragez les petites sorties à plusieurs : goûter à la maison un mercredi ou le week-end si vous travaillez, première séance au cinéma avec un ou deux copains, voire un bon petit Guignol.

L'année suivante (à partir de 4 ans), les vraies conversations débutent entre copains : on les entend échanger leurs opinions sur l'amitié, l'amour, la mort... Tous les grands sujets ! Les échanges verbaux s'affinent, et votre petit précoce en est ou en sera friand. C'est à cet âge que les amitiés peuvent devenir vraiment exclusives et se raréfier : tout le monde n'a pas le même « niveau de conversation » ! Tâchez de votre côté de développer des activités parascolaires : la deuxième section de maternelle est idéale pour cela. Danse, judo, baby-gym... Ils peuvent désormais vivre leur sociabilité à un tout autre rythme que celui de l'école. Les règles sont différentes, les groupes plus restreints et plus « choisis ». Ils noueront des relations parfois plus « fines » qu'à l'école. Vous pouvez également, pourquoi pas, si votre enfant est demandeur (plutôt en fin d'année, quand il approchera des 5 ans), débuter les premières invitations à dormir. Ces petites incursions « chez l'autre » sont idéales pour immerger l'enfant dans d'autres « cultures familiales ». Mais cela doit être fait en toute confiance, dans un climat de sérénité absolue. Veillez aussi aux premières blessures d'amitié, et au chantage bien connu : « T'es ma copine, t'es plus ma copine, t'es plus mon copain. » À cet âge, cela peut vraiment faire souffrir, en particulier nos petits hypersensibles, qui sont souvent désarmés et prennent cela de plein fouet. Car l'âge des premières amitiés est aussi celui des premières exclusions...

– **Décrypter la maîtresse.** Ces enfants à haut potentiel, reconnaissons-le, ne savent parfois pas trop s'y prendre avec le maître ou la maîtresse. Celui-là, avec son air de « Monsieur Je-sais-tout », peut ne même pas s'apercevoir qu'il agace prodigieusement les adultes, mais aussi les autres enfants. L'agacement est tel que l'enfant, parfois, à son corps défendant, se fait « sortir » de la salle de classe car il est trop interventionniste.

À nous, parents, de les amener sur cette voie. « Tu sais, parfois, il est bon de ne pas dire tout le temps que l'on sait les choses. Certains petits enfants, en levant tout le temps le doigt, finissent par agacer les autres. Bien sûr, c'est très bien de répondre et d'intervenir, je t'en félicite. Mais essaie s'il te plaît de ne pas interrompre les copains, ou de temps en temps de les laisser répondre... La maîtresse aussi te remerciera de cette attitude. »

Les petits jeux pour booster sa sociabilité

• À partir de 6-9 mois

– **Le téléphone** est un joujou de choix, surtout pendant la période d'imitation. N'hésitez pas, le jour où vous changez de portable, à lui confier l'ancien modèle. Il saura très vite s'en saisir pour dialoguer avec des interlocuteurs imaginaires. Bien plus drôle que le « téléphone jouet », bruyant et interactif... Bientôt il babillera : un bon point pour développer son sens de la communication.

De temps en temps, lorsque vous téléphonez à quelqu'un, mettez l'appareil en mode haut-parleur pour qu'il puisse reconnaître les voix familières des membres de la famille, de la nourrice, etc.

– **Miroir, photos et vidéos**... Facile, aujourd'hui, de prendre des photos et des vidéos à tout moment. Le plaisir que le bébé éprouve à les regarder s'explique aisément. Tout d'abord, au même moment que le fameux stade du miroir (aux alentours de 9-10 mois), il apprend à mieux percevoir son identité propre. Avec les photos, il y a mieux : il se contemple au beau milieu de réunions familiales, dans les bras de ses grands-parents, ses parents, ses frères et sœurs. C'est l'occasion de le replacer comme un maillon dans la chaîne familiale, et de lui parler de la psychologie et des caractères de chacun. « Irène est toujours très gaie, on est contents quand on la voit. Hadrien ne dit pas grand-chose, il se cache, il est un peu timide, mais après dix minutes, on rigole bien avec lui », « Regarde comme ta grand-mère a l'air heureuse sur cette photo-là, au milieu de tous ses petits-enfants ! Mais regarde comme elle semble triste, sur cette photo... »

• **À partir de 12 mois**

– **Les bonnes manières : un code social.** Théâtralisez... Répétez encore et encore merci, bonjour, avec de grands gestes. Pour ces enfants parfois un peu « hérissons », repliés sur eux-mêmes, dans leur bulle, la politesse est une malle aux trésors... Un excellent point de départ. En découvrant les codes qui régissent notre vie sociale, il se met les adultes dans la poche.

– **La petite garderie / la petite école.** Un jeu incontournable et qui fonctionne depuis des générations. Les peluches et les poupées jouent le rôle d'élèves ou de petits « créchons », que l'on aligne en rang d'oignons. On peut y tester avec son enfant les réactions des autres, imaginer de petits scénarios et trouver ensemble la solution. Exemples ? Ernest le nounours embête Joséphine la tortue, comment lui répondre sans taper, quand un copain nous agace ? La maîtresse est sévère et nous impressionne, comment lui parler ? Ce jeu peut être bien entendu adapté à la crèche.

– **Le petit hôpital des poupées.** Un jeu à mi-chemin entre l'émotionnel et le relationnel. Comme pour l'école, on aligne les poupées et les peluches, comme des patients attendraient dans la salle d'attente d'un médecin, ou aux urgences. Toutes ces pauvres poupées sont mal en point. Angine, jambe cassée, cheville foulée... À votre enfant de faire preuve d'imagination. Glissez également quelques bobos psy : tristesse, pas assez dormi, mauvais moral, donc difficultés à se sentir bien avec les autres, timidité... C'est l'occasion de lui faire parler de quelques bobos de l'âme, et de trouver d'une part comment en parler aux copains quand ça nous arrive, et d'autre part comment consoler les copains malades ou malheureux.

• **Incontournables, les livres**

– **Petites leçons de vie... pour avoir confiance en soi.** Dans les *Petites leçons de vie*[1], on trouvera trente-cinq histoires destinées à booster l'intelligence sociale et relationnelle des enfants, histoire de n'en faire ni des moutons ni des petits tyrans, mais d'aider les petits précoces, parfois si inhibés, en manque de confiance en eux ou maladroits dans leurs relations sociales à trouver la bonne distance avec les autres. Faire passer un message de manière métaphorique reste la meilleure pédagogie pour ces petits surdoués, qui fonctionnent à l'affect et à l'intuition. L'histoire leur parle « en direct », à l'intelligence, sans passer par le truchement de la pensée et de l'argumentation méthodique.

– **Pour les petits timides, épatés par d'autres copains.** « Radiographie d'ombres chez les Martiens. » Le pitch ? Les Martiens rougissent souvent, bégaient et bafouillent... Ils en ont assez et voudraient connaître le secret des Terriens, qui leur semblent particulièrement à l'aise dans leurs relations, rigolos et sûrs d'eux. Ils décident de kidnapper leurs ombres, et de les passer à la radiographie. Ils s'aperçoivent alors que les Terriens eux aussi ont vécu des événements parfois difficiles (ils ont perdu une tétine, ils ont eu

1. Sophie Carquain, *Petites leçons de vie. Pour l'aider à s'affirmer*, ill. Michel Boucher, Albin Michel, 2008.

peur la nuit, ils ont craint pour leurs parents...) mais qu'ils ont dépassé toutes ces épreuves et sont devenus courageux. Eux aussi, les Martiens, décident de suivre le même exemple. Et ils acquièrent alors une grande confiance en eux, et cessent de rougir devant les autres.

– **Pour ceux qui s'abritent derrière un copain plus fort.** « Les deux perroquets. » Le pitch ? Quand on vit tout le temps avec quelqu'un qui fait tout pour vous, on ne s'affirme pas assez.

Résumé de l'histoire : deux perroquets s'aiment d'amour tendre dans une oisellerie. Le plus grand ne cesse d'aider le plus petit... Il parle à sa place, lui donne la becquée... Il est ravi, car il se sent utile, et le petit est content d'être chouchouté. Arrive un jour où le grand perroquet est acheté par un petit garçon. La séparation survient, difficile. Le petit a du mal à se nourrir tout seul, et le grand déprime de son côté. Mais au fil des jours, ils parviennent à s'en sortir. Le petit garçon retourne quelques mois plus tard à l'oisellerie pour acheter le petit perroquet. Les deux amis se retrouvent, et constatent à quel point le perroquet le plus petit et le plus faible a grandi. La séparation leur a fait du bien. Leur amitié peut redémarrer sur une base plus saine.

– **Pour ceux qui ont du mal à dire non**[1]. « Histoire de la baguette qui rétrécissait. » Le pitch ?

1. *Ibid.*

Quand on exécute tous les caprices des autres, on perd son propre pouvoir.

Résumé de l'histoire : la petite fée Noémie avait beaucoup de mal à dire non aux autres. C'est donc à elle que les autres fées demandaient d'exaucer leurs caprices les plus saugrenus : changer leur nez, recevoir un gâteau au chocolat au beau milieu de la nuit, et renflouer leur compte en banque. Noémie s'aperçoit que personne ne la remercie, et, plus encore, qu'on la maltraite de plus en plus, mais elle continue d'exaucer tous les vœux, par crainte d'être abandonnée et exclue. Un beau jour, elle s'aperçoit que sa baguette est devenue toute petite. Sa marraine la fée lui donne alors une autre baguette, longue et brillante : « Si tu veux la conserver intacte, lui explique-t-elle, tu dois éviter d'exaucer les vœux des autres. Et apprendre à dire "non". »

– **Pour ceux qui disparaissent derrière les autres (le syndrome du « faux self »)**[1]. L'histoire ? « La boîte à disparaître de Mimi l'Artichaut. » Le pitch ? Ne cherchons pas à copier les autres ou à disparaître derrière eux. Mieux vaut s'affirmer et être soi-même.

Résumé de l'histoire : Mimi l'Artichaut était une petite souris douce, très tendre, avec le bout du nez tout rose. Tout le monde l'aimait sans

1. *Ibid.*

trop savoir pourquoi. Mais la douceur de Mimi dissimule en fait un grand malaise. Mimi non seulement est timide mais elle n'ose pas être elle-même. Quand quelqu'un sourit, elle sourit, quand quelqu'un papillote des yeux, elle fait de même. Et quand Mimi se retrouve noyée dans un groupe, elle a un réflexe conditionné : celui de s'enfermer dans sa « boîte à disparaître ». Un jour, à table, elle a le sentiment qu'elle s'enfonce de plus en plus dans sa boîte, et que personne ne la voit... Elle se met alors à crier, et plus elle crie, plus elle se « détortille ». « Je ne suis pas douce, je ne suis pas gentille, je ne suis pas parfaite. » Mimi sort de sa boîte à disparaître et apprend à s'affirmer (sans être obligée de crier).

4

PETIT VADE-MECUM DU PARENT SURDOUÉ

« Il s'efforça de saisir le raisonnement de son fils. En réalité, il s'en moquait bien et songeait que c'était une de ses extravagances coutumières.
— Et alors ?
— Les gouttes coulent de travers sur la vitre, mais c'est seulement un effet de notre mouvement. En mesurant l'angle par rapport à la verticale, on pourrait calculer la rapidité de la chute[1]. »

« Serai-je à la hauteur ? »

Mine de rien, l'intuition ou la certitude soudaine que l'on abrite un jeune surdoué à la maison provoque un mini raz-de-marée émotionnel, et déclenche une foule de questions. « Quand je me suis rendu compte qu'Élisa suivait les traces de son grand frère diagnostiqué précoce à l'âge de 8 ans, confie Sylvia, au lieu de m'en réjouir, j'ai

1. Paolo Giordano, *La Solitude des nombres premiers*, trad. Nathalie Bauer, Le Seuil, 2009.

senti une chape de plomb tomber sur mes épaules. La tâche ne serait-elle pas trop ardue pour nous deux ? Comment allions-nous faire ? Serions-nous à la hauteur ? » Être à la hauteur : cette interrogation figure dans la liste des craintes les plus fréquemment avouées par les parents, surtout chez ceux qui n'ont pas suivi un parcours classique, ou qui n'ont pas poursuivi leurs études.

Ces parents sont alors « chatouillés » par un mini-complexe d'infériorité : « Comment, moi, parent lambda, vais-je parvenir à éduquer un génie en herbe ? » semblent-ils penser. On voit alors arriver en consultation des parents tout intimidés, rentrant les épaules, poussant en avant leur enfant, se retranchant derrière lui, parce qu'ils viennent de découvrir son potentiel intellectuel. Ces adultes dévalorisés, parce qu'ils n'ont pas suivi la « voie royale », s'imaginent qu'ils seront de piètres parents. Rien de plus faux.

À la question : « Serai-je à la hauteur ? » la réponse est : oui, bien évidemment ! Vous êtes les meilleurs parents du monde pour votre enfant – en sachant que le parent parfait n'est qu'une illusion. Freud lui-même n'avait-il pas dénoncé cette utopie du « parent parfait » ? « Quoi que vous fassiez – a-t-il écrit – vous ferez toujours mal. » Autrement dit : votre éducation ne pourra pas être parfaite, mais vous ferez de votre mieux. Ce à quoi le pédiatre Donald Winnicott, riche de son expérience avec des centaines et des centaines de consultations mère-enfant, a répondu comme en écho par la formule : *« The way to be a good mother is to be a good enough mother*[1] *»*, autrement dit : la meilleure façon d'être une bonne mère est d'être une mère suffisamment bonne. Une mère « trop bonne » ne serait pas assurément une « bonne mère ». Une mère « trop bonne » ne serait-elle pas un monstre de dévouement, de sacrifice ? L'éducation passant aussi par la frustration, celle de l'enfant, mais aussi celle de la mère qui « se limite », limite son pouvoir, son omnipotence, une mère suffisamment bonne ne doit pas trop en faire. Elle prête attention à son bébé, lui apporte la sécurité, lui épargne la douleur, tout en lui prodiguant des soins d'ordre physique et affectif. Une *good enough mother* n'est pas une déesse, mais une « jardinière », cultivant, semant des graines, sans se transformer en dieu tout-puissant. Même avec un petit précoce ! Quand ils apprennent que leur enfant est pourvu d'une intelligence hors norme, certains parents, en particulier s'ils n'ont pas été dépistés, ou ont arrêté leurs études tôt, décident tout bonnement de mettre un point final à leur carrière pour consacrer tout leur temps et leur énergie à leur petit Einstein. Nous ne discuterons pas ici de l'avantage ou non de mettre entre parenthèses sa vie professionnelle pour éduquer au mieux ses

1. Winnicott a formulé ce qui allait devenir l'une des phrases les plus fameuses de la psychanalyse quand il était encore pédiatre au Paddington Green Hospital de Londres, avant de s'installer comme psychanalyste.

enfants. Cela procède d'un choix, d'une intime conviction. Mais ne vous sentez pas obligés de le faire. Même si ces petits surdoués réclament, en effet, beaucoup d'attention, il n'est en aucun cas obligatoire de tirer un trait sur un métier qui vous nourrit et vous épanouit.

Des limites fermes

Ne vous laissez pas intimider : ces enfants à l'intelligence étourdissante n'en sont pas moins, et plus que d'autres encore, avides de limites. Leur grande maturité intellectuelle fait parfois illusion. On a l'impression d'être en face de petits adultes alors qu'ils sont parfois immatures sur le plan affectif. Le fameux discours très actuel « restaurons les limites », même s'il est terriblement « tendance », n'en reste pas moins une nécessité absolue. Ces petits surdoués ont un besoin impératif d'autorité, bienveillante, mais ferme. Ils ont besoin d'être « arrêtés » dans leur questionnement.

Vous remarquerez très vite, en effet, que ces enfants à haut potentiel sont les champions de l'intelligence interrogative. Ils ne cessent de poser des questions autour des « pourquoi » et « comment ». Et « comment se fait-il que ? », « Et toi, alors ? ». Bref, vous comprendrez vite qu'à la maison, vous avez écopé d'un parfait petit avocat.

Il n'y a pas d'âge pour transgresser et discuter les règles. Surtout quand on est futé. Or c'est bien ce qui se passe avec le bébé surdoué, toujours prompt à tout remettre en question, à commencer par les règles de base. Un exemple, classique s'il en est. Vous demandez à votre cher ange d'aller se coucher, « car il est l'heure ». Vous avez appuyé sur un bouton qui vous amène cette série de remarques : « Je ne suis pas fatigué », « Et toi, pourquoi ne vas-tu pas te coucher ? » Suivra ensuite une démonstration par l'exemple : « Mon copain Gustave est premier de la classe, et il se couche beaucoup plus tard que moi. » Bref, il va entreprendre de « fusiller » votre consigne par tous les moyens, en la retournant comme un gant, en vous mettant sur le gril.

Imaginons le dialogue suivant, archiclassique :

La mère (calme) : « Enfile ton pyjama, mon chéri. »

L'enfant : « Pas déjà, attends un peu. Pourquoi maintenant ?

— Parce qu'il est l'heure, tu vas bientôt te coucher.

— Dans combien de temps ? »

La mère (un rien fatiguée, et un peu au hasard) : « Dans dix minutes. »

L'enfant (soulagé) : « Alors j'ai encore huit minutes, parce que je mets deux minutes à enfiler mon pyjama. »

Aviez-vous oublié à quel point le jeune précoce prend, souvent, tout au pied de la lettre ? C'est le tribut à payer quand on vit avec un enfant hyperfuté qui cherchera, parfois, à mettre en échec votre autorité de parent. N'y voyez pas malignité, mais plutôt un effet de sa redoutable intelligence.

Discuter un ordre, et le discuter jusqu'au bout ? Ils ne peuvent pas s'en empêcher, dès le plus jeune âge, histoire de confronter la règle à l'intelligence, la loi au questionnement, histoire d'en extraire le sens profond. Une consigne totalement arbitraire risque de ne pas passer la rampe. Mais c'est à vous de tenir bon. C'est vous, parent, qui décidez du bien-fondé d'une consigne à respecter !

Conclusion : n'hésitez pas à rester ferme, inflexible. L'autorité consiste à s'investir soi-même comme détenteur d'autorité. Et, devons-nous le rappeler, vous l'êtes ! C'est à vous de savoir ce qui est bon pour lui, cet enfant certes si intelligent, mais si immature parfois. Vous êtes le meilleur parent pour lui. C'est à vous de mettre un frein à sa chaîne ininterrompue de questionnements.

La discipline positive

La discipline positive, une éducation à la mode ? Certes, mais elle survient à un moment clé où les enfants – en particulier vos enfants surdoués, qui remettent en question les règles – ont besoin d'autorité. L'apôtre de cette discipline ne l'a pas tout à fait inventée. Jane Nelsen[1], américaine, mère de sept enfants, s'est inspirée des principes d'Alfred

1. Jane Nelsen, *La Discipline positive. En famille et à l'école, comment éduquer avec fermeté et bienveillance*, adaptation de Béatrice Sabaté, Éd. du Toucan, 2012.

Adler, un disciple de Freud pour les adapter à l'éducation positiviste. Les maîtres mots ? Au lieu d'imposer notre autorité, on essaie de concilier bienveillance et fermeté. Coopération de l'enfant et cadre parental. Bref, on n'agit pas sous la contrainte, avec le martinet, mais on recherche sa coopération.

La coopération de tous

La règle est simple : quand on contribue aux tâches domestiques, même s'il s'agit de fourrer son pyjama sous son oreiller pour un tout-petit, de ranger le dentifrice, de glisser sa brosse à cheveux dans le panier *ad hoc*, on renforce son sentiment d'appartenance à sa propre famille. Et c'est ce sentiment d'appartenance qui facilitera de sa part, à l'avenir, la coopération aux consignes que vous lui soumettrez. C'est parce qu'il participera à la vie de la maison qu'il vous écoutera beaucoup mieux.

Second volet : même s'il est tout petit, tâchez de l'associer aux temps d'échange familial que vous pourrez pratiquer avec vos plus grands enfants, et qui consistent à souligner tout ce qui a été plaisant pendant la journée (ou la semaine) avant d'embrayer sur ce qui nous a fâchés et peut être amélioré. Tout cela va augmenter l'affirmation de soi de l'enfant au sein de la famille, donc son sens de la coopération...

Connecter avant de corriger

L'éducation aujourd'hui consiste à parler d'abord au cœur de l'enfant avant de s'adresser à son cerveau. Ce qui implique bien évidemment que l'on reconnaisse ses émotions (même négatives !) avant de rappeler la consigne à suivre. On se souviendra de tout cela le jour où nos chers petits transgresseront la règle, piqueront une méga crise de colère ou nous mentiront « droit dans les yeux ». Le maître mot de Jane Nelsen : derrière tout comportement inapproprié, il faut rechercher le « pourquoi » ; rechercher le petit grain de sable qui a pu l'amener à ce comportement négatif. Cela peut être une fausse croyance, par exemple : « Maman ne m'aime plus. »

Un exemple – classique s'il en est. Un nouveau bébé naît dans la famille de Lia, une fillette de 4 ans. Lia sent que sa maman est fatiguée. C'est sa perception, qui va engendrer une croyance, « Maman ne m'aime pas » ou « Maman n'a plus de temps pour moi », laquelle croyance va engendrer un comportement : Lia devient insupportable, ledit comportement entraînant un renforcement de la croyance (« Maman crie sur moi, elle ne m'aime *vraiment* plus »). D'après Jane Nelsen, pour casser ce cercle vicieux, il faut revenir à la « croyance ». Pourquoi Lia est-elle insupportable ? Parce qu'elle pense qu'elle n'est plus aimée. Et si elle pense qu'elle n'est plus aimée, il faut la détromper, et l'éclairer sur ses propres émotions. Et la rassurer !

Cela semble simple, et finalement, ça l'est. Il faut simplement partir de l'état émotionnel de l'enfant pour essayer de mieux le comprendre.

Des encouragements précis

Pour être un parent de surdoué, il ne suffit pas d'être ferme et bienveillant. Il faut être aussi « encourageant » ! La confiance en soi se nourrit dès les premiers instants, et si aux États-Unis les parents n'hésitent pas à hurler au génie (*« You are so smart ! »*) il n'en va pas de même en France. On caricature souvent les parents français comme des êtres exigeants, perfectionnistes, qui n'ouvrent la bouche que pour critiquer ou demander plus encore. « Comment cela, tu n'as eu que 15 en maths ? c'est dommage, tu pourrais faire mieux. » Pourquoi ne pas souligner que leur 15 en géographie, c'est vraiment formidable ? Et que ce 9 en calcul, finalement, ça n'est qu'un petit accident... et que, comme sur un vélo, ils doivent se remettre en selle ?

Faut-il leur dire... qu'ils sont géniaux ?

Rassurons-nous : nous ne sommes pas obligés de « piquer » tous leurs trucs aux Américains ! Par ailleurs, si l'on se gargarise de félicitations sans ancrage dans le réel, l'enfant ne risque-t-il pas de penser que nous en faisons trop ? Bref, mieux vaut l'encourager plutôt que le complimenter. Plutôt que « Qu'est-ce que tu es gentil », « Comme tu es intelligente », qui font référence à l'enfant dans sa globalité, valorisez plutôt ses efforts : « Tu as dessiné un superbe éléphant, et tu n'as même pas dépassé en coloriant », ou bien : « Cette balade était assez longue pour ton âge, tu t'en es bien sorti, bravo. »

Le fait de souligner, et même en insistant, ces points précis l'incite à développer ses actions, ses compétences. Il faut commencer dès maintenant à lui donner le sentiment de sa compétence, alors qu'il commence tout juste à prendre conscience de lui-même en tant qu'individu. Un individu qui a besoin d'être reconnu, digne d'être aimé et d'accomplir de grandes choses ! Plus vous l'encouragerez dans de petits détails de la vie quotidienne, plus il aura envie de progresser. Mieux il aura envie de faire. On est très loin, bien sûr, de l'attitude du milieu enseignant qui, globalement, cherche à « redresser » avant même de féliciter. Nous le savons bien aujourd'hui : ce n'est pas en critiquant un enfant, en lui disant qu'il est nul et qu'il doit faire mieux, que cet enfant fera mieux ! Ce serait comme lui flanquer un grand coup de pied dans le ventre, l'assommer, le mettre à terre, et lui demander de se relever aussitôt ! Bien au contraire : plus on lui dit qu'il fait bien, et mieux il fera.

Alors n'hésitez pas une seconde à lui dire qu'il a fait un effort pour ranger sa chambre, dès que l'occasion se présente, que son comportement a été positif, adéquat. Il faut sortir le positif de l'invisibilité dans lequel il est plongé. Ce qui ressemble à un slogan doit être votre maître mot pendant ces années d'éducation.

Ils sont compliqués ? Gérez les situations de crise

Faire ressortir le positif ? Pas si facile quand la situation de crise menace. Oui, ces bébés surdoués sont souvent un peu compliqués, exigeants et colériques. Il y a pourtant des trucs et astuces.

Cultivez la patience

Tous les bébés et jeunes enfants, dès la naissance, ont du mal à apprendre. Les précoces comme les autres. Mais comme nous l'avons observé dans notre première partie, certains petits surdoués, du fait de leur hypersensibilité, sont de véritables « boules d'impatience ». Certains se mettent tout simplement dans des rages terribles quand ils n'obtiennent pas immédiatement ce qu'ils veulent, comme s'en souvient Sophie, maman de Côme. « Il lui fallait tout dans la seconde, et il hurlait jusqu'à l'obtenir. »

Parlez-leur : pour leur apprendre très progressivement la patience, il faut, dès les premiers mois, éviter de répondre immédiatement à leur désir.

– **À partir de 3 mois.** Ne soyez pas au garde-à-vous, ne vous levez pas au moindre petit cri. Même un bébé de 3 mois est capable d'« entendre parler de son désir », comme disait Françoise Dolto, donc de le différer. « Je prépare ton biberon, attends cinq petites minutes... » Ceux à qui l'on aura parlé de l'attente s'en sortiront mieux.

– **À partir de 12-13 mois.** Alertez-le de vos retards, quand vous savez que vous ne serez pas à l'heure chez la nourrice, à la crèche ou chez les grands-parents. Un « grand bébé » de la section des moyens, à partir de 12-13 mois, *a fortiori* hypersensible, supportera beaucoup mieux l'absence si ses parents téléphonent pour prévenir de leur retard. Et si ce coup de téléphone leur est bien évidemment rapporté.

– **À partir de 18-24 mois.** Aidez-le à maîtriser le facteur temps. N'oubliez pas que pour eux, le temps n'existe pas, et que dix minutes équivalent à un siècle... Parlez-lui de façon concrète, en lui fournissant des repères précis : « Nous sortirons quand tu auras fini ce dessin », « quand tu auras changé de T-shirt », « Mamie arrivera quand tu auras fini de faire ta sieste ». Parlez-lui également de la journée qui l'attend : « Je viendrai te chercher à la crèche quand les dames auront fini de débarrasser le goûter, tu te souviens ? » « Nous ferons un tour à la boulangerie ou au square et ensuite nous rentrerons à la maison pour prendre le bain. » Bref, il faut lui donner les moyens de se repérer et d'anticiper. C'est en imaginant le déroulement de la journée à venir – les attentes, aussi – qu'il parviendra à les accepter. Et cela, les parents le font trop peu, pressés par le temps !

– **À partir de 2 ans.** Aidez-le à hiérarchiser les priorités. Il réclame tout ensemble le doudou, le goûter, le DVD des *Barbapapa* ? Et pendant qu'on y est, un petit tour au square ? On peut essayer, dès l'âge de 2 ans, de l'aider à comprendre la différence entre désir et besoin. « C'est l'heure du goûter, nous allons commencer par cela. » La phrase clé ? « Je sais que tu as besoin de ça, je vais te le donner. Pour l'instant, tu as vraiment sommeil. Le reste peut attendre, ça n'est pas le moment... »

Respectez votre parole

Soyez précis dans votre appréhension du temps. N'oubliez pas que ces enfants précoces, souvent, s'arrêtent sur le sens premier d'un mot. Vous avez dit « tout à l'heure » ? Ce n'est pas « demain ». Si on avait promis de lui donner ce bonbon « tout à l'heure », et qu'il est arrivé beaucoup plus tard que prévu, on peut s'attendre à une belle crise d'impatience la prochaine fois. Ce bonbon-là, il voudra du coup l'obtenir « tout de suite », de peur de ne l'avoir que le lendemain !

Les jeux pour patienter

Le pédiatre est en retard, la salle d'attente bondée, et Gaspard trépigne ? Vous êtes bloqué dans une salle d'embarquement ou devez supporter une « crise d'impatience » dans le TGV Paris-Marseille ? Ayez toujours des petits en-cas mais surtout une bouteille d'eau, un biberon et un livre. Pour le reste, n'oubliez pas :

– Un filet d'activités : pensez à glisser sous la poussette, en permanence, un petit filet rempli de joujoux qui vous serviront à le faire patienter. Quelques Playmobil ou petits animaux, un nécessaire à bulles, une boîte à œufs, quelques cubes, quelques morceaux de tissu... Le principe consiste à « faire tourner », à changer (quand vous y pensez) les joujoux, puis à les remettre dans le filet ;

– Prévoyez des ballons de baudruche dans votre sac. On les gonfle, les lance, les attrape, on fait des bruits en les dégonflant... Idéal pour le faire patienter, sauf environnement silencieux bien sûr ;

– Un carnet et un crayon : pour gribouiller, dessiner, s'amuser ;

– Un jeu de Memory : qui permet de faire des paires et d'apprendre des mots nouveaux... de mimer le bruit des animaux, éventuellement de raconter de petites anecdotes sur la savane, la forêt, etc. ;

– Les comptines : tâchez d'en avoir toujours une ou deux en mémoire, ce qui vous permet de le faire patienter quand on a oublié son précieux « filet de sécurité-d'activités ». Quelques exemples ?

Petit Pouce part en voyage (on saisit son pouce),

Celui-ci l'accompagne (on saisit l'index ou le deuxième orteil),

Celui-ci porte la valise (saisir le majeur ou le troisième orteil),

Celui-là tient le parapluie (saisir l'annulaire ou le quatrième orteil),

Et le tout petit court après lui (agiter l'auriculaire ou le dernier orteil).

– **Pour patienter au restaurant.** On tarde à lui apporter sa purée ? Faites intervenir Monsieur Couteau et Madame Fourchette. Faites-les danser, jouer à cache-cache derrière l'assiette ou la carafe d'eau... Il éclatera de rire.

Un petit dormeur ? Gérez ses crises du soir

Oui, les bébés précoces ont, souvent, un petit sommeil... Et ce, dès les premiers instants de vie. Il faut donc parfois s'armer de patience et « faire avec ».

Les pleurs du soir

Il ne parvient pas à s'endormir ? Il crie ? Évitez de superposer votre inquiétude de parent à la sienne, en projetant sur lui vos propres angoisses d'abandon ou votre culpabilité de parent. Si vous vous crispez, vous risquez de transmettre à votre insu votre agacement et votre exaspération au tout-petit, à une époque où les liens fusionnels sont particulièrement intenses. Le nouveau-né est une « éponge émotionnelle » qui reçoit et exprime le désarroi maternel. À nous de tâtonner pour trouver les solutions qui pourraient l'aider.

– **Que faire ?** On peut poser une main sur son ventre, dans son berceau, et le bercer doucement[1] ; on peut lui donner un petit bain impromptu dans de l'eau tiède (sans savon), mais encore plus sûrement lui prodiguer un massage des bras, des

1. Chantal de Truchis, *L'Éveil de votre enfant, le tout-petit au quotidien*, Albin Michel, « Bibliothèque de la famille », 2009. Lire aussi Lyliane Nemet-Pier, *Cet enfant qui ne dort pas*, Albin Michel, « Questions de parents », 2013.

mains et des pieds (avec une crème ou de l'huile d'argan). Ce qui est délicieux et zen pour nous adultes l'est également pour les bébés ! Certains parents tentent également la balade dans l'appartement, le bébé calé dans un kangourou ou une écharpe ethnique à l'indonésienne. Une excellente solution. Ces bébés petits dormeurs et hypersensibles ont besoin d'être « contenus », « rassemblés » pour limiter le débordement émotionnel. Tandis que vous le contenez, fredonnez-lui doucement une comptine, ou dites-lui doucement : « Je suis là pour t'aider, n'oublie pas que je t'aime. Mais je ne peux pas m'endormir à ta place... À toi de le faire. »

N'abusez pas des bras ! Si, d'après certaines études américaines, les bébés pris dans les bras quand ils pleurent développent plus rapidement que les autres un fort sentiment de sécurité intérieure, une chose est certaine : l'enfant a aussi les moyens de se calmer tout seul et de gérer son inquiétude. Si on ne lui laisse pas la possibilité de « s'autogérer » un minimum, il risque de prendre l'habitude, même tout petit, d'une « main consolante » sans laquelle il ne peut rien. S'il est vraiment hors de lui, s'il est vraiment très malheureux, on peut le bercer contre soi pour le sécuriser, puis le replacer dans son berceau, poser une main sur lui et l'encourager à se rendormir. Il découvrira la possibilité en lui de se calmer tout seul. Ne le privez pas de ce cadeau.

Comment maintenir la sieste ?

Petits dormeurs, les surdoués sont aussi de « petits siesteurs » ! Leur objectif ? Zapper ce petit moment de sommeil dans la journée, pour continuer à s'intéresser au réel qui les intéresse tant. Résultat : tous les jours, après déjeuner, dès l'âge de 2 ans parfois, ils tempêtent au moment d'aller au lit. Ils ont l'impression d'être devenus grands ! C'est encore plus compliqué bien sûr pour les cadets ou les benjamins, qui voient le « grand frère » continuer à jouer. Et pourtant, la sieste est physiologique, et intervient comme le signale son étymologie (*siesta*, du latin *sexta* (*hora*) : sixième heure) six heures après le lever. Il s'est levé à 7 heures ? Recouchez-le à 13 heures. À vous de repérer les signaux chez votre enfant. Il bâille en mangeant, se frotte les yeux, il a les paupières qui « tombent » pendant qu'il termine son jambon-coquillettes ? Décalez l'heure du déjeuner. N'oubliez pas qu'à la crèche ou à la garderie, les petits de 2-3 ans déjeunent à 11 heures et sont souvent couchés à midi. Or, le week-end ou pendant les vacances, il arrive souvent que les parents décalent un peu trop le rythme. Ne craignez pas qu'il ne se rendorme pas le soir. Bien au contraire. S'il prend l'habitude de lutter contre les signes du sommeil, il fera la même chose le soir.

Alors comment l'inciter à y aller ?

Tâchez d'anticiper la suite des événements en lui parlant du programme qui l'attend à son réveil : « On en profitera pour aller au parc avec ton copain, pour faire du vélo... Si tu ne fais pas la sieste, tu seras bien trop fatigué pour faire tout cela. » L'idée est de dresser une équivalence : sommeil de jour égale grandir, prendre des forces.

Essayez d'inventer d'autres rituels que ceux du soir. Ne le préparez pas à la sieste comme pour le sommeil de nuit. Il risquerait de reculer encore plus, en pensant qu'il est parti pour des heures de séparation. Inventez des rituels différents, et moins « lourds » : la pénombre plutôt que le noir total, le bisou léger, la micro-comptine plutôt que la grande histoire du soir. Réservez le gros câlin au soir. Et échappez-vous. Il doit s'endormir seul.

Et si notre petit surdoué « chouine » toujours ? Imposez-lui un « temps calme » pendant lequel il doit s'allonger, dans la pénombre (et non pas devant la télévision ou devant l'iPad) et se reposer avec son doudou, vingt à trente minutes environ. Une chose est sûre : si vous zappez la sieste un jour pour une raison ou une autre, précisez-lui que c'est exceptionnel. « Demain, tu iras faire dodo comme d'habitude. » Sinon, votre petit surdoué risque d'en tirer avantage la prochaine fois. Rappelez-vous que ses capacités d'argumentation sont phénoménales.

Donnez-lui confiance en lui et cultivez sa motivation

C'est le manque de confiance en lui qui empêche l'enfant de poursuivre son effort. Et d'aller plus loin.

Comment aider un tout-petit à construire sa confiance en lui ?

– En lui donnant progressivement des responsabilités en harmonie avec son âge ;

– En lui permettant de sortir progressivement de sa zone de confort. Si vous ne l'encouragez pas à grandir mais le maintenez dans son cocon, il ne va pas prendre confiance en lui, mais sera encouragé à rester dans sa « bulle ». Implicitement, vous le découragez d'affronter le monde. Cet univers, là, qui se trouve à portée de main, n'est-il pas hostile ?

C'est ce que Françoise Dolto évoquait, en parlant de « castrations symboliques ». Ce terme barbare et complexe suggère que l'enfant, à un moment donné, doit être frustré, avant de pouvoir avancer. Un exemple : il prend encore sa tétine ? Si vous ne l'en privez pas, il risque de la suçoter longtemps encore, certains même jusqu'à 7 ans. Si vous l'en privez, il sera peut-être frustré pendant quelque temps par la perte de cet objet, jusqu'au moment où il franchira le cap. Et passera à autre chose. Les castrations symboliques, ce sont toutes ces séparations, ces pertes qui nous font mal momentanément. Mais nous font grandir. Tous les jeunes enfants ont besoin d'en faire l'expérience. *A fortiori* les petits surdoués qui peinent souvent à grandir et veulent rester malgré tout, « tout-puissants ».

Apprenez-lui à résister à ses démons !

Car nos petits surdoués sont parfois des « boules de rage et de colère », comme le signifie Sophie, maman de Côme. « Côme était extraordinaire en beaucoup de disciplines : précoce sur le plan moteur, sur le plan du langage, doué en tout dès le plus jeune âge. Mais la contrepartie, c'étaient des colères inouïes, et l'intolérance absolue à la frustration. » Conscients de leurs possibilités, les petits précoces seraient-ils, si on ne les limite pas, des petits tyrans en puissance ? N'exagérons pas et ne cédons pas à la mythologie, très actuelle, de l'enfant roi / enfant tyran. Mais reconnaissons que ces petits ont besoin d'être cadrés, surtout à un âge compliqué (entre 1 an et 2 ans et demi), le *« terrible two »*.

Quelques astuces anticolère

« Résiste... Prouve que tu existes » ! Les crises de colère sont l'occasion de vous tester. Très tôt, insistez sur l'heure du coucher, ne cédez pas forcément à la énième histoire du soir. La colère risque de s'autorenforcer si l'enfant ne sent aucune limite à ses demandes, aucune « résistance parentale ».

Pas de surstimulation

À notre époque de « challenging » permanent, même les bébés sont surstimulés, comme des Cocotte-Minute. Habitués à être sans cesse occupés, ils fatiguent et décompensent pendant les moments où on les laisse sans activité. Si on les laisse rêvasser, ils seront capables de mieux gérer ces moments de frustration.

Incitez-le à parler

Si vous le sentez chagriné, agacé, si vous sentez que la tension monte, et s'il est bien évidemment assez grand pour cela, encouragez-le à exprimer ce qu'il ressent. Demandez-lui s'il est fâché : « Tu n'as pas l'air très content », « Dis-moi ce que tu ressens ». Mieux il saura s'exprimer, moins il cédera aux grandes manifestations de rage.

Restez zen

Il trépigne ? Feignez l'indifférence dans un premier temps. S'il s'aperçoit qu'il vous touche au cœur, s'il réalise que c'est un moyen génial pour attirer l'attention, il va forcément recommencer. Quand c'est possible, si sa colère et sa crise de rage risquent de vous entraîner à prononcer des paroles que vous regretterez, isolez-le dans une pièce sécurisée quelques minutes, en lui expliquant : « Je trouve que tu dépasses les bornes », « Je te laisse te calmer pendant que je termine ce dossier ». Et essayez de tenir jusqu'au moment où il sera calmé. Dites-lui : « Je n'aime pas ce que tu fais là. » Il comprendra qu'il doit vous respecter, comme tout être humain. Dans la rue, restez zen également. Les très jeunes enfants, surtout les intuitifs comme le sont nos petits surdoués, savent très bien appuyer là où ça fait mal. Ils savent intuitivement si l'on est ou non sensible au regard de l'autre et ils en profitent. S'il se met à hurler dans la rue, tenez-le par la main fermement, ou prenez-le dans vos bras. C'est une manière de le contenir, de dire : « Je suis plus forte que toi, plus forte que ta colère. » Et dites-lui calmement que vous allez rentrer à la maison. Face à une crise de rage, le principe est de le faire réatterrir dans la réalité.

Faites diversion

C'est un remède vieux comme le monde et qui peut être utile. Il pique une crise au supermarché parce que vous lui refusez un paquet de bonbons ? Dites-lui : « Repose ce paquet/ce jouet, qui n'est pas du tout prévu, mais viens m'aider à choisir le paquet de céréales qui est inscrit sur la liste. » Bref, proposez-lui une solution de secours sans négocier sur l'objet de sa colère. Plus tard, avec les ados, on préconise aussi ce genre de choses. « Je t'interdis ceci... mais je t'autoriserai cela. » C'est très efficace.

Parlez de vous, quand vous-même étiez tout petit

Les parents évoquent trop peu leurs propres difficultés quand ils étaient enfants. Et pourtant, voilà qui parle aux tout-petits comme leur parle une histoire du soir. « Moi non plus je n'aimais pas du tout que l'on m'attache dans l'auto de mamie, il m'arrivait de hurler très fort. Tu sais ce que mamie faisait alors ? », etc.

À bas les étiquettes

Même si votre adorable bambin est en effet un grand coléreux, surtout ne le lui dites pas. Évitez de souligner : « Encore une colère ! », « Quel coléreux tu fais ! », « Ça y est, encore une crise ! ». Certains parents bercent ainsi à tort l'enfant avec cette certitude qu'il est « méchant, vilain, coléreux, enragé ». Résultat ? Cette stigmatisation va forcément l'encourager à renforcer ce trait de caractère.

Renforcez-le dans ses attitudes positives

Trop souvent, on pense à pointer du doigt un comportement négatif. Et l'on passe sous silence les attitudes positives, comme si elles allaient de soi. Nous oublions en passant que l'éducation ne consiste pas uniquement à souligner ce qui ne va pas ! Il faut absolument, chaque fois que cela est possible, le féliciter pour son attitude positive. Quand vous sentez qu'il est parvenu à juguler de lui-même une bouffée de rage, quand il a résisté à l'envie d'arracher le jouet d'un camarade de jeu au square, quand il s'est contenu, allez vers lui, prenez-le dans vos bras, dites-lui : « Tu es vraiment devenu grand, car plus on grandit, moins on pique de crises de colère »... Faites-lui également entrevoir les bénéfices de la situation : « Regarde, nous avons gagné du temps, tu auras le temps de regarder un épisode de *Rosie* sur Gulli », « On va pouvoir le faire, ce gâteau ! ».

Boostez son sens de l'effort

Voilà un point essentiel ! Chez tous ces enfants qui ont des « facilités », comme on dit souvent pudiquement, comment maintenir en éveil ce fameux sens de l'effort, qui leur permettra de se dépasser et d'aller plus loin ? Cette question est au cœur des préoccupations de tous les parents d'enfants précoces, qu'ils soient scolarisés à l'école élémentaire, au collège ou au lycée. Mais le sens de l'effort démarre déjà dans la toute petite enfance. Or le goût de l'effort n'est pas inné : le bébé vit au départ selon le principe de plaisir. Le sens de l'effort viendra, au fil des mois, quand il découvrira le « principe de réalité » (ma mère ne peut pas venir aussi vite que je le voudrais, je dois respecter un temps d'attente entre deux biberons, etc.).

Validez son comportement positif

Fournir un effort consiste donc, au tout début de l'existence, à différer son propre plaisir. Et il commence par le fait d'attendre vingt minutes dans une salle d'attente, de résister au petit gadget du supermarché... Bref, le sens de l'effort, c'est tout d'abord la crise qu'il ne piquera pas ! Aux parents, donc, de le souligner : « Bravo, tu n'as pas crié, je suis fière de toi » : des mots indispensables pour valider son comportement. Et pour qu'il puisse recommencer.

Faites-le participer aux petites tâches domestiques

Les petites corvées domestiques, dont nous avons souligné l'intérêt précédemment, consistent à la fois à développer son esprit d'appartenance à la famille, tout autant qu'à développer son goût de l'effort. À vous de le stimuler : « Tu vas aider ton papa ? », « Allez, on va faire la cuisine ensemble », « On mettra le linge dans la machine et tu m'aideras à l'étendre », etc.

Alternez travail et plaisir

Il est important d'alterner les deux, même chez les tout-petits. Ils comprennent ainsi que l'on n'a rien sans faire un effort. Ils saisissent implicitement que l'existence est composée d'une alternance de principe de plaisir et de principe de réalité. Un exemple ? Dimanche, un copain vient jouer à la maison. Avant qu'il arrive, pourquoi ne pas préparer ensemble la chambre, faire le lit, ranger, passer un coup d'éponge sur la petite table et cuisiner un gâteau ?

L'effort par paliers

Le point noir de l'effort, c'est le découragement ! Et pour éviter que le goût de l'effort ne soit soluble dans ce sentiment désespérant qu'est le découragement, mieux vaut inciter l'enfant à y aller progressivement, en décomposant les étapes.

Un exemple ? La chambre à ranger. On lui explique pas à pas ce que l'on attend de lui, en l'écrivant au besoin sur le tableau noir (qu'il sache lire ou non) : faire son lit, ranger le bureau, donc placer les petits livres dans la bibliothèque, les crayons dans le porte-crayons, la paire de ciseaux dans le tiroir, etc. Forcez-vous à être méthodique. Vous pouvez éventuellement lui fournir un petit tableau, sur lequel les tâches à effectuer seront représentées par une petite image : le lit, le bureau, les feutres, les livres, les vêtements. Méthodiquement, il va essayer de ranger chaque partie de la chambre, en s'aidant du tableau, charge à vous de coller une petite gommette de couleur différente après la réalisation de chaque tâche. On n'est pas obligé d'offrir un cadeau à l'enfant quand le tableau est terminé, comme certains le suggèrent. Ce tableau n'est qu'un outil qui lui permet à la fois de visualiser ses efforts, et d'entraîner son « sens de la méthode », talon d'Achille de nos petits précoces !

Même attitude dans le domaine sportif. À vous de décomposer par paliers l'effort demandé au jeune champion. Il s'essaie au tricycle ? On décortique tous les efforts exigés (pédalage, guidon vers la droite, vers la gauche...). Et hop, c'est parti ! Reste ensuite à le féliciter chaudement, puis à le faire revenir sur sa stratégie de réussite. « Raconte-moi comment tu as fait, comment tu t'y es pris ? »

Autre astuce pour lui faire intégrer le goût de l'effort : revenir sur l'effort et non sur la réussite. Il ne se pardonne pas d'avoir « raté » son dessin ? D'avoir « dépassé » les lignes du coloriage ? On reprend ses dessins de début d'année, et on souligne ses progrès : « Regarde comme tu as grandi ! Tu dessinais les bonshommes sans les bras ! », « Tu dépassais énormément, alors qu'aujourd'hui, c'est presque parfait », etc. Il faudrait, pour le soutenir, adopter la même attitude que devant un enfant qui apprend à faire du vélo : le remettre en selle et repartir !

La créativité au cœur de votre éducation

« Creativity is intelligence having fun », dixit Albert Einstein. Tout est dit dans cette formule. La créativité permet de jouir de sa propre intelligence, au lieu d'en souffrir. Si les petits surdoués ont tant besoin de créativité, c'est parce qu'ils débordent d'idées, ils bouillonnent. Ils ont une pensée fulgurante et souvent d'emblée hypercréative. À l'âge adulte, les surdoués les plus heureux sont assez souvent ceux qui ont pu et su exploiter au mieux leur fibre créative, qu'elle soit purement artistique ou entrepreneuriale, donc affirmer leur différence.

Car c'est dans la créativité que l'on est au plus près de soi ; que l'on développe le mieux cette part singulière, intime, qui signe notre personnalité. C'est aussi la créativité qui, parce qu'elle permet d'exprimer le cœur de son identité, peut empêcher le développement de ce « faux self » qui menace tant de petits précoces. En effet, pour éviter de souffrir de sa singularité, de sa différence, et échapper à cette exclusion qu'il redoute tant, le petit précoce va tout mettre en œuvre pour se fondre dans la masse. C'est le fameux « syndrome Zelig », pour rappeler le film de Woody Allen dans lequel un homme-caméléon dénommé Zelig emprunte les couleurs, les mimiques, les accents de tous les individus qu'il côtoie. Or, comme l'avait très bien perçu la psychologue Alice Miller, ainsi que nous l'avons expliqué dans le chapitre précédent, c'est dès les premiers mois que ce syndrome menace le bébé qui n'a pas été écouté dans ses émotions et ses sentiments.

Développez l'esprit créatif

Parce qu'il sera centré sur ses richesses intérieures, quoi qu'il arrive, l'enfant surdoué saura se dépêtrer d'une situation, inventer sa propre vie. Car la créativité ne relève pas uniquement de la pâte à sel, de la peinture ou de la musique. C'est le contact avec le plus intime de soi-même ; avec ce qu'Alice Miller nomme le « noyau de son être[1] » c'est l'essor, la montée en puissance de sa propre personnalité. Avant même d'avoir conscience de tout cela, le bébé éprouve un immense plaisir à créer.

---

1. Alice Miller, *Le Drame de l'enfant doué, op. cit.*

Selon Todd Lubart, spécialiste de la créativité, docteur en psychologie[1], les traits de personnalité favorisant la créativité sont : la capacité à prendre des risques, le non-conformisme, l'ouverture d'esprit, la persévérance. Les individus créatifs, on les reconnaît bien dès l'enfance... Ce sont ceux qui sont capables d'inventer une maison à partir d'une boîte à œufs, de recycler un objet pour en faire autre chose ou l'inclure par exemple dans une maquette. On voit cela très tôt chez certains enfants. Ils font de la « récup », attrapent un petit objet anodin, comme un bouchon de bouteille, pour inventer un personnage. C'est donc une disposition très « poétique » face à la réalité : ils sont animés d'une perspective créatrice, et font feu de tout bois. Il faut donc être armé d'une certaine « souplesse intellectuelle » pour y parvenir. Cela n'est pas fatalement inné.

On ne naît pas créatif, on le devient. Il y a des bases biologiques mais surtout des composantes environnementales. À partir de 4-5 ans, au moment où l'enfant s'est déjà bien acclimaté aux règles sociales de l'école maternelle, quand il a commencé à intégrer certaines règles, il peut faire la preuve de sa créativité.

1. Professeur de psychologie à Yale et à l'université René-Descartes à Paris, auteur (avec C. Mouchiroud, S. Tordjman, Zenasni) de *Psychologie de la créativité*, Armand Colin, 2004.

Un doux mélange : fantaisie et discipline...

D'après ce même Todd Lubart, les familles qui encouragent le plus les enfants à être créatifs sont des familles qui ont mis en place un cadre semi-rigide. Comprenez : chez ces familles, les règles de vie existent (on ne doit pas manger avant l'heure du repas ; on ne doit pas regarder son dessin animé ou jouer avec la tablette avant d'avoir fait ses devoirs), mais lesdites règles peuvent éventuellement être modifiées à titre exceptionnel. Ce sont les familles qui de temps à autre, permettent à l'enfant de se distancer du réel. Les familles « rigides », celles qui ne dérogent jamais aux règles fixées, n'encouragent pas la créativité chez leur enfant, de même que les familles trop laxistes, qui vivent de façon désorganisée. Bref, les enfants ont intégré le principe d'une alternance entre des règles strictes et une indispensable fantaisie.

Cela semble très logique : on ne peut pas créer sans règles, sinon on serait perdu et la créativité se transformerait en lyrisme échevelé. Mais on ne peut pas créer sans fantaisie non plus, sinon l'œuvre ressemblerait à une équation sèche !

La créativité impose un « flirt » entre la liberté, la fantaisie, et le respect des règles internes. Ce que nous nommons « flirt », peut aussi s'exprimer par « valse-hésitation », « va-et-vient », « tension » entre deux opposés. Dans son ouvrage le plus fameux, *La*

Créativité[1], Mihaly Csikszentmihalyi évoque, lui, une dialectique entre deux types d'intelligence, la pensée convergente et la pensée divergente. « La première, écrit le psychologue, est celle que mesurent les tests de QI. C'est grâce à elle que l'on résout les problèmes rationnels. La seconde permet d'arriver à des conclusions novatrices. Elle implique la fluidité mentale (capacité à produire une grande quantité d'idées) ; la flexibilité, aptitude à passer d'une perspective à une autre ; et l'originalité, qui conduit à faire des associations d'idées inhabituelles.

Pour autant, que serait la pensée divergente sans le contrôle de la pensée convergente ? Elle donnerait lieu à une foule d'embryons d'idées, d'images, dans un joyeux capharnaüm. Pourquoi ? Parce que, explique le psychologue, « la pensée divergente doit nécessairement s'accompagner de la capacité à distinguer une bonne idée d'une mauvaise – ce qui implique la pensée convergente ». Bref, la pensée divergente ne vaut pas grand-chose si elle ne s'accompagne pas d'un bon jugement, de discernement.

C'est ce qui nous rend si précieux certains romans, dont la structure est « tirée au cordeau », mais dont la langue foisonne, riche et créative !

---

1. Mihaly Csikszentmihalyi, *La Créativité*, Robert Laffont, « Réponses », 2006.

Un grain de folie dans un cadre strict !
Deux types d'intelligence pour une seule éducation

Nous en concluons donc que les deux types de pensée – convergente et divergente, pensée rationnelle et pensée émotionnelle – ont besoin d'être stimulés de concert chez tout enfant mais plus encore chez le bébé surdoué. Ces deux types d'intelligence sont aujourd'hui bien repérés par les scientifiques. Très récemment, par exemple, l'Académie des sciences[1] a émis un avis sur l'utilisation des écrans par les enfants – en particulier les très jeunes enfants. D'après les experts, face au développement du « cerveau numérique » et de cette intelligence fluide, rapide, fulgurante (souvent sollicitée dans les jeux vidéo), il importe de maintenir un autre type d'intelligence plus méthodique, linéaire, structurante. Nous reviendrons plus en détail sur les jeux vidéo dans le chapitre suivant. Mais notons déjà que cette idée récente, assez nouvelle, d'une double intelligence, nous renvoie directement à l'idée de Todd Lubart, sur la famille idéale à cadre « semi-rigide ».

Pour que la créativité se développe, il importe d'offrir à l'enfant un mélange de fantaisie et de discipline, qui lui permettra à lui aussi de pratiquer ce

1. Jean-François Bach, Olivier Houdé, Pierre Léna, Serge Tisseron, *L'Enfant et les écrans*, avis remis le 17 janvier 2013, Le Pommier, 2013.

doux mariage. Que deviendrait un romancier sans sens de l'effort, sans persévérance, sans notion de structure du récit ? Que serait un physicien dénué de rigueur scientifique ? Et que deviendrait un enfant hyperintelligent, dont on a exalté l'intelligence, le don inné pour l'invention, pour cette fameuse « intelligence fluide », sans que, par ailleurs, on n'ait stimulé son sens de la persévérance, de l'effort, de la méthode ? Ces enfants ont besoin d'adultes forts en face d'eux, d'un minimum de règles. Sans respect des règles – quelles qu'elles soient – il n'y a pas de jeu valable, pas d'œuvre d'art réussie. La créativité ne peut s'exprimer que de cette façon.

Encouragez, valorisez

Il va sans dire que les encouragements et la valorisation des productions de l'enfant l'amèneront à développer plus encore sa créativité. On peut littéralement inhiber la créativité de l'enfant si on ne le valorise pas assez. N'oublions pas que l'école ne sait pas non plus valoriser la créativité des enfants – bien trop peu ! L'école encourage globalement les enfants à trouver la « bonne réponse ». Alors, à nous de penser à le faire, en soulignant certaines caractéristiques précises : « Tu as un sacré trait de crayon », « Tu dessines vraiment bien les tortues », etc. Si l'on encourage et que l'on positive suffisamment toutes ses expériences créatives, l'enfant va les faire siennes au quotidien. La créativité ne sera plus pour lui un challenge : il sera capable de sortir, tranquillement de sa « zone de confort » (sa routine quotidienne) pour affronter cette « zone de défi » (expérience créative) sans entrer dans une « zone de panique » (hyperstress, peur de rater).

Dédramatisez l'échec

La peur de rater ? La peur de l'échec ? Voilà une grande cause d'inhibition de la créativité. Or non seulement l'échec est incontournable, mais il est positif et constructif. « L'échec est le fondement de la réussite », est-il écrit dans le *Livre du Tao*. Échec et réussite sont les deux faces d'une même médaille. La vie est composée de cycles (positifs, négatifs), qui nous poussent à expérimenter, dans une sorte de processus d'essai-erreur. Le pire échec serait de ne rien risquer ! C'est ainsi qu'il faut éduquer les enfants, en particulier ces petits surdoués toujours anxieux de réussir, qui placent la barre souvent très haut. Il y a une vraie « écologie » de l'échec, cette idée commence à faire son chemin dans notre société de recyclage. Le problème n'est pas de rencontrer l'échec – tout le monde le rencontre –, mais de pouvoir le dépasser. Cela signifie bien évidemment juger le moins possible et, en cas de mauvaise note, mauvaise appréciation, revers de fortune... les encourager à recommencer.

« J'ai raté », soupire Charlotte, 4 ans, devant son dessin. Il faudrait, face à une mauvaise note, réagir comme après une chute de vélo. En leur disant : « Tu es tombé ? Je vais te montrer comment il faut faire pour repartir. Ce n'est rien du tout. » Pourquoi ne réagissons-nous pas de la même manière pour leurs productions scolaires, par exemple ?

Quelques pistes pour des activités créatives

– **Mettez à disposition du matériel** *ad hoc*. Une chose est sûre : un enfant ne pourra jamais exprimer sa créativité dans un milieu qui en manque et qui ne met jamais à sa disposition peinture, collages, papier... Ce qui semble être le b. a-ba est pourtant important à rappeler, tant aujourd'hui on ne « fonctionne » rapidement que derrière un écran ou une tablette. Prévoyez donc dès le plus jeune âge : de la peinture à doigts, des gros pastels gras, des craies à large diamètre, mais aussi des morceaux de tissus, de très larges feuilles de papier sur lesquelles il pourra « taguer » (genre *paperboard*).

– **Désobéissez !** Détournez les codes, c'est jubilatoire. C'est votre attitude un peu « jazzy » face à la vie qui fera goûter à l'enfant la joie de la prise d'initiatives, de la création d'événements. À vous de prévoir des activités un rien décalées et fantaisistes. Vous pouvez en plein hiver décider d'un grand pique-nique dans le salon, par exemple, en étalant un drap par terre, mais aussi en imaginant un décor *ad hoc :* en dessinant des petits oiseaux sur des feuilles de dessin, et pourquoi pas en offrant une bande-son[1], voire des appeaux ?

– **Le petit marché.** Chacun y place les objets et les jouets qu'il souhaite vendre, avec une petite étiquette y indiquant le prix. Si votre enfant est trop jeune, il sera ravi de jouer les clients à vos côtés. Partez tous les deux à la brocante (l'autre parent joue le vendeur) avec quelques piécettes de monnaie. Dans un jardin, on peut aussi vendre des mauvaises herbes, des fleurs, des cailloux...

Excès de stimuli

Un puzzle qui applaudit, un petit singe qui vous dit bravo ou chantonne, un nounours qui raconte des histoires, une poupée qui fredonne une comptine, vous appelle par votre prénom... Depuis quelques années, les joujoux interactifs ont envahi les salles de jeux des bébés. Dès l'âge le plus tendre, dès le premier tapis d'éveil, nos têtes blondes sont « gargarisées » de stimuli sonores, intellectuels, de « joujoux nounous » qui passent du temps avec eux, entament une interaction. Cela, direz-vous, devrait être plutôt positif pour développer l'intelligence relationnelle.

1. Il existe des bandes-son de gazouillis d'oiseaux, des galets sonores dans certaines boutiques.

Il ne s'agit pas d'être uniquement critiques. Ces jouets à hauts stimuli ont leur raison d'être mais à petites doses. Comme le souligne très bien le pédopsychiatre Patrice Huerre[1], il importe de limiter les stimuli à l'âge le plus tendre. Si le bébé prend l'habitude, dès les premiers mois, d'être envahi, occupé en permanence par ces petits bruits, ces couleurs vives, ces lumières qui clignotent, il risque de s'y habituer, et de zapper ces moments si enrichissants où il doit apprivoiser le silence, et sa propre solitude. Si le bébé est plongé 24 heures sur 24 dans un bain de stimuli sonores, il en prendra l'habitude, et risque de développer, au fil des mois et des années, un besoin de stimuli, et une horreur du « silence ». Attention, signale le pédopsychiatre, au risque d'addiction que ces joujoux bruyants et lumineux peuvent entraîner. Ce sont ces enfants que l'on risque de retrouver, à l'adolescence, devant les jeux vidéo et les écrans en tous genres. Un conseil : s'il n'est pas interdit, bien sûr, de leur confier un ourson bavard ou un singe interactif, ces jeux ne doivent pas dépasser des tranches de quinze à vingt minutes. Vous, parents, êtes décidément irremplaçables dans les séances de jeux avec vos bébés !

– **La soupe à la sorcière.** Remplir une grande marmite d'eau, et y jeter tout ce que l'on trouve de plus « cracra » dans la maison : mayonnaise périmée, fanes de carottes, coquilles d'escargot émiettées trouvées dans le jardin, moutons de poussière, fonds de frigo. Et on touille ! On installe alors la marmite au fond du jardin ou sur le

1. Patrice Huerre, *Place au jeu*, Nathan, 2011.

balcon pour la chère sorcière. De quoi laisser place à l'imagination.

– **Les cadavres exquis.** Pour ceux qui commencent à écrire et à lire, c'est toujours décalé et délicieux. Et pour les petits qui ne savent pas encore lire, on peut les proposer version dessin uniquement. Chaque joueur dessine un visage sur le haut d'une feuille, que l'on replie pour le cacher. On le passe au voisin, qui dessine un corps, replie le papier en deux pour le cacher, et le passe au voisin qui dessine les jambes et... le passe encore au suivant. Il est temps alors de découvrir les monstres. Crise de rire garantie.

Faites la cuisine avec eux

« Quand Adam me voit pénétrer dans la cuisine, il s'agrippe à moi et trépigne ! Et pourtant, il n'a que 18 mois », sourit Katia, sa maman. Pétrir, patouiller, mesurer, verser, surveiller la cuisson... Ils en raffolent, et pas uniquement parce que c'est « tendance » aujourd'hui. Et si la cuisine était l'atelier créatif le plus enrichissant ? Cette activité marie l'intelligence cognitive (sens du calcul, des proportions, petit atelier de chimiste quand il s'agit de passer du cru au cuit...), le sens du toucher, la découverte des odeurs et des saveurs, l'imagination, l'anticipation... Bref, on y partage une foule de sensations et de connaissances. Nos petits marmitons sont, en cuisine, comme Monsieur Jourdain faisant de la prose sans le savoir !

C'est l'atelier créatif idéal, d'autant plus qu'on le pratique dans un cadre très strict, celui de la recette. À partir de laquelle il s'agit donc de lui faire comprendre les règles du jeu. Utile pour nos petits précoces qui cherchent parfois à « pousser les limites » et à transgresser les règles. Quand on prépare un plat, on est obligé de suivre pas à pas les consignes, au risque d'obtenir un résultat médiocre. Tout cela est bon pour nos petits surdoués, qui vont exercer leur concentration et le respect de la loi. Sans parler de l'exercice de la motricité fine et de l'habileté des gestes. Quand on remplit une cuiller de farine, n'est-on pas obligé d'être un champion de la précision ?

– **Prenez du temps !** Quand vous cuisinez avec vos tout-petits, essayez de leur confier le maximum de tâches... C'est d'autant plus facile qu'ils ont atteint l'âge de 3 ans, l'entrée à l'école maternelle. Résistez à la tentation de tout faire à leur place, sinon vous courez directement à la frustration et aux crises de rage ! Même pour casser les œufs, expliquez-lui... Mais ne faites pas à sa place, et tant pis s'il laisse des bris de coquille dans le saladier. Charge à lui de les ramasser avec une petite cuiller.

De manière générale, dès la première séance culinaire, mettez les points sur les *i :* il doit lui aussi vous aider à nettoyer, au fur et à mesure. Et ça tombe bien : les tout-petits adorent ça ! Il verse de la farine à côté ? Arrêtez-vous immédiatement, attrapez une éponge, donnez-la-lui. Il se fera un plaisir de nettoyer. Profitez-en : c'est à cet âge enthousiaste qu'il faut l'inciter à laver, décortiquer, peler, ranger... exécuter les mille et une corvées incontournables dans une cuisine. Pour mener à bien cette opération, il vous faut deux ingrédients indispensables : le **temps** et la **patience** ! Multipliez par deux ou trois le temps que vous passez, vous, seule, à mitonner un plat ou un gâteau. Et conviez-le derrière les fourneaux uniquement les jours où vous disposez de temps. Considérez la cuisine comme un gigantesque atelier d'éveil. Le cheminement est beaucoup plus important que le résultat. Et c'est dans ce moment passé à deux que vous nouerez une relation plus riche. Savourez chaque instant passé ensemble !

Quelques idées simples

– **Mini-glaces à l'eau.** Il vous faut pour cela du sirop ou du jus de fruits. Aidez-le à en verser dans des petits gobelets en carton, ou tout simplement à en remplir le bac à glaçons. Placez les gobelets au congélateur. Dès que le mélange a commencé à prendre, ajoutez des bâtonnets de bois ou des cure-dents si vous n'avez rien d'autre. Au bout de quelques heures, vos mini-glaces sont prêtes !
– **Bretzels maison.** Avec de la pâte à pain, aidez votre enfant à former de longs « serpents », avec lesquels vous pourrez ensuite former des bretzels, ou bien encore des têtes de lapin, d'ours, etc. Vous n'avez plus qu'à les

saupoudrer de gros sel avant de les faire cuire quelques minutes au four, à 200 degrés. Laissez refroidir avant de grignoter !

– **Pizzas-oursons.** Préparez une boule de pâte à pain, étalez-la en un disque de 15 cm de diamètre environ. Ajoutez-y deux oreilles rondes, que vous collerez à leur place, en appuyant assez fort. Étalez de la sauce tomate sur la tête de l'ours, et laissez votre enfant décorer le reste, avec des morceaux de jambon, des olives (pour les yeux). Vous pouvez confectionner une pizza-ours pour chaque membre de la famille, ou bien varier les plaisirs en imaginant un lapin, une tortue, une grenouille, un petit chat (avec des moustaches-jambon ou des moustaches-fromage)... Préchauffez votre four à 220 degrés, et laissez cuire dix petites minutes.

– **Mettez votre grain de sel.** Ne vous limitez pas à l'application de la recette. Quand vous aurez tous les deux « maîtrisé » un ou deux plats (sucrés ou salés), pourquoi ne pas mettre votre grain de sel, et faire preuve de créativité ? À vous de glisser quelques olives coupées dans votre poêlée, quelques cerneaux de noix ou quelques morceaux de datte coupée dans votre pithiviers... De décorer les bretzels avec des pépites, des roses en pâte d'amande, de tout ce que vous trouverez.

Laissez-le s'exprimer lui aussi, et suggérez-lui d'enrichir la recette. Le résultat n'est pas à la hauteur ? Quelle importance ! L'essentiel reste la préparation du plat. Et, au moment de passer à table, vous verrez des étoiles s'allumer dans les yeux de votre petit marmiton. Pour lui, habitué à être nourri par ses parents, quelle jubilation de voir s'inverser momentanément les rôles ! Ce fameux « C'est MOI qui l'ai fait », qui les rend fiers comme Artaban...

Reposez comme une (bonne) pâte

Filons la métaphore culinaire. Après avoir mitonné, créé, réfléchi, appris, ils ont besoin de se reposer, et plus encore de « reposer », comme une bonne pâte.

Le discours est maintenant entendu, mais pas souvent appliqué. Un enfant a besoin de temps, de rêver, et même de rêvasser. Il faut le laisser rêvasser, car, en jouant, il intègre précisément tout ce qu'il a pu apprendre. Il s'approprie les connaissances. Regardons un enfant penché sur son Playmobil : il est sérieux ! Il apprend ! Tout ce que l'on a reçu comme ingrédients, comme connaissances, il faut le remuer, le laisser poser, décanter... L'apprentissage s'accompagne forcément d'une seconde partie : l'intégration de cette connaissance. Ce que Mihaly Csikszentmihalyi[1] nomme l'« incubation » chez les personnes créatives. L'incubation ? C'est une période assez mystérieuse, de « non-faire » absolu, au cours de laquelle une solution vous apparaît, alors que vous ne la recherchiez pas. Pour certains individus créatifs, il s'agira de jardiner, pour d'autres, de conduire. Il s'agit – pour filer encore la métaphore, décidément

1. Mihaly Csikszentmihalyi, *La Créativité, op. cit.*

nutritive ! – de « laisser mijoter » le problème au-dessous du seuil de conscience. Cela, aujourd'hui, est bien repéré par les adultes. Oui, mais... Ceux qui, à l'âge adulte, pourront réellement écouter cette « petite voix » qui leur chuchote une solution, loin du bruit et de l'agitation sociale, sont ceux qui, enfants, auront été habitués à habiter leur silence. À ne rien faire, à s'écouter penser, tout simplement. Si, comme aujourd'hui, on ne cesse de remplir l'agenda d'un enfant, de le trimballer d'une activité à une autre, nous ne l'habituons pas à ces petits « sas » de tranquillité, de quiétude, où il n'a rien à faire d'autre qu'inventer, créer, « mijoter », « laisser gonfler » la pâte. Et imaginer !

Alison Gopnik[1] a évoqué cette importance fabuleuse du « laisser-faire » chez le tout-petit : « Un animal – l'être humain – dont la survie passe par l'imagination a besoin de temps pour exercer cette imagination. Ce temps, c'est l'enfance. Les enfants sont protégés des exigences de la vie adulte : ils n'ont pas à chasser le cerf ou à repousser les tigres à dents de sabre, encore moins à faire cours ou à remplir des dossiers de demande d'allocation de recherches – cela, on le fait pour eux. Ils n'ont littéralement rien à faire, sinon apprendre. » Apprendre, et rêver d'être soi.

---

1. Alison Gopnik, *Le Bébé philosophe*, *op. cit.*

5

ANTICIPER L'AVENIR

> « Je suis le premier en tout parce que je suis assez costaud du crâne, mais il faut dire que plus je connais de profs, plus j'aime les vacances[1]. »

Un avenir qui nous angoisse ?

Gaspard est un blondinet à l'œil vif. Confortablement installé dans un fauteuil club trop large pour lui, les yeux plissés, il écoute ses parents parler de lui. Gaspard a des compétences extraordinaires. À commencer par le fait de « bien se tenir », à 3 ans déjà ! Assis entre ses deux parents, il voit le visage de la dame, face à lui, s'approcher de lui, tout sourire, par-dessus le bureau acajou : « Je suis la directrice de l'école, Gaspard », lui dit cette dame aux cheveux bouclés. « Et nous allons voir, ensemble, si tu es vraiment prêt à entrer dans MON école. » Gaspard se doute-t-il qu'il est l'objet d'un plan d'investissement de la part de ses parents ? Tout est prévu, anticipé. Son chemin de gloire luit déjà, en pleine lumière ! Gaspard est allé dans la

1. Patrick Cauvin, *E = mc² mon amour*, *op. cit.*

meilleure crèche du quartier, c'est-à-dire celle qui « débouche » sur la maternelle la plus convoitée, cette dernière menant directement à l'école élémentaire qui se situe à deux pas du collège le plus huppé du quartier, collège de haut niveau dont une bonne partie des élèves se retrouvent dans le lycée cinq étoiles doté de prestigieuses prépas.

Gaspard est un de ces petits « otages » de la performance moderne. Le mot, certes, est un peu sec, mais la réalité existe. Nombre de parents, *a fortiori* s'ils ont à charge des enfants doués, préparent l'avenir de leurs enfants comme un « business plan ». En la matière, la France n'est pas isolée. Elle ne fait que suivre le modèle anglo-saxon. En Angleterre, on le sait, les parents inscrivent les nouveau-nés dans les meilleures écoles, et aux États-Unis, de très jeunes enfants sont coachés par des experts, en vue de préparer des tests de QI requis pour certaines maternelles très élitistes. En France aussi, une sorte de compte à rebours débute dès le berceau. Voici venue l'ère de la performance, dopée bien sûr par l'angoisse parentale. Et comment ne seraient-ils pas stressés, ces pauvres parents ? La crainte de l'avenir les a transformés en précepteurs de choc, à l'affût du moindre « buzz », ce « buzz de quartier » qui porte au pinacle tel établissement et voue aux gémonies tel autre. Toujours en avance d'un cran, nous élevons nos enfants aujourd'hui comme si tout ne se jouait pas à 6 ans. Mais à 3 ans ! Cette anticipation est effarante. On est dans une illusion de prédiction totale, car on considère le tout-petit comme une « graine d'adulte », et non plus un petit être en devenir qui tâtonne, expérimente, se construit. L'enfance n'est plus considérée comme un terrain vierge...

L'angoisse de l'échec

Dans un même mouvement, le spectre de l'échec scolaire inquiète les parents de plus en plus tôt. Il n'est pas rare aujourd'hui, dans les cabinets de psychologues, de recevoir des parents accompagnés de leur enfant de 3 ans, affirmant qu'il est « en difficulté à l'école », parce que, dans les grilles d'évaluation (sortes de fiches de contrôle) fournies par l'école, ils ont noté que tel comportement était « en cours d'acquisition » et non pas acquis ! Sans doute les parents et professionnels ont-ils oublié que chaque enfant, même parmi les plus doués, avait son rythme propre ? Mais la compétition s'est accrue. Il ne faut pas être bon, il faut être excellent ! Il ne faut pas être parmi le premier tiers de la classe. Mais il faut être le premier. Un nouveau marché de la « surperformance », exploitant à fond cette angoisse parentale face à l'avenir, apparaît avec les cahiers d'entraînement, et, pour ceux qui en ont les moyens, les « petits cours » individuels.

Dès la maternelle, sachant que l'acquisition linguistique s'opère avant 6 ans, les parents soucieux et empressés sont en quête de la meilleure prof d'anglais, quand il ne s'agit pas de cours de mandarin. De nos jours, les colliers de nouilles n'ont plus la cote. Résultat de cette surstimulation ?

Victimes de ces « prises de tête », les enfants aujourd'hui souffrent de plus en plus de maux de ventre et de migraines. On assiste également à une épidémie de dyslexies, et, sinon de phobies, du moins d'angoisses scolaires – réaction de dépression contre la trop forte pression parentale. Et que dire de ces enfants agités qui ne tiennent pas en place ? Ne sont-ils pas les victimes de cette anxiété de performance ? C'est d'autant plus vrai que, s'il a besoin d'être assisté, encouragé, et bien sûr aimé, un enfant, même précoce, ne gagne en rien à être stimulé à l'excès.

On sait aujourd'hui, bien au contraire, que la confiance et l'estime de soi sont les plus sûrs moteurs de la réussite. Autant dire qu'il est inopérant, voire nocif, de presser l'enfant comme un citron. Un enfant à qui l'on ne dit jamais qu'on est content de lui ne peut pas être épanoui et confiant en l'avenir.

Les mamans, ces supercoaches

La maternité est entrée dans l'ère de la performance et du coaching. Cela, l'Américaine Judith

Warner l'a évoqué dans un livre[1] dénonçant l'attitude « sacrificielle » de certaines mères, qui renoncent sans aucun état d'âme à leur carrière pour coacher leur petit génie. On assiste à la naissance d'une génération volontiers qualifiée d'« hypermères » par les sociologues ; des mamans de 25-35 ans qui se transforment en coaches ou en pédagogues. Tentation numéro deux, et corollaire de la première : la tentation du retour à la maison et du sacrifice de la carrière professionnelle que nous avions évoqués plus haut.

L'enfant, surtout doué et compétent, mérite le meilleur de l'éducation, bien entendu. Mais est-ce vraiment le « meilleur » pour lui que sa mère s'arrête dans sa trajectoire professionnelle ? Si vous y pensez, il importe d'être claire sur vos motivations. Que cherchez-vous ? À souffler un peu ? À répondre à vos besoins personnels ? À faire la même chose que votre propre mère pour vous ? Cet arrêt temporaire ou définitif n'est pas anodin, car il peut, dans certains cas, si la mère est frustrée, faire peser sur l'enfant une dette terrible. Les enfants les plus sensibles, qui découvriraient au fil du temps que leur mère, leur père a « tout » sacrifié pour les élever, les nourrir intellectuellement, les « suivre » de près, pourraient bien développer un très lourd sentiment de dette envers leurs parents...

---

1. Judith Warner, *Mères au bord de la crise de nerfs. La maternité à l'heure de la performance*, Albin Michel, 2006.

Quel mode de garde ?

Quand les mères ne peuvent ou ne souhaitent pas rester à la maison, elles doivent choisir un système de garde. Les mamans d'enfants précoces peuvent être plus soucieuses de leur choix... Voici quelques arguments qui pourront vous éclairer.

– **La nounou à domicile**

La « nounou » à domicile est certes une solution de choix – mais pas toujours accessible. Il s'agit d'avoir à 100 % confiance en elle, sans sombrer dans la paranoïa de la « caméra cachée ». Il n'empêche que, en confiant votre bébé qui ne maîtrise pas encore le langage, vous ne savez pas vraiment si les choses se passent bien. Même si vous lui avez demandé ses références, même si elle vous a été recommandée, c'est toujours un peu stressant de laisser un tout-petit. Il est pourtant facile de repérer les petits signes de bien-être du bébé à son approche. Lui sourit-il quand elle arrive le matin ? S'il babille, s'amuse... vous pouvez avoir toute confiance. Rien ne vous interdit néanmoins de rentrer de temps en temps de manière impromptue au domicile. Toutes les mamans du monde le font, sans être paranoïaques pour autant ! Vous verrez bien que votre chérubin est bien traité, et n'est pas placé face au mur tandis que la nounou regarde sa sitcom favorite (on ne sait pas pourquoi, mais cette image trône dans l'esprit des mères).

Conseil plus. Si votre « petit Einstein » demande beaucoup d'attention, a envie de jouer, de babiller, s'il réclame des jeux, évitez de surcharger votre nounou de travaux ménagers. Mieux vaut qu'elle joue avec lui plutôt que de passer la serpillière ! Dès l'âge de 10-12 mois, confiez-le quelques heures par jour ou par semaine à la halte-garderie, où il pourra « se nourrir » intellectuellement de nouveaux jouets et surtout de relations sociales. N'hésitez pas, chaque jour, à donner à la nounou une petite fiche et des idées de jeux. N'oubliez pas qu'un tout-petit précoce a besoin d'entendre parler.

– **L'assistante maternelle**

C'est de loin la solution la plus fréquemment utilisée. Vous confiez votre enfant à l'extérieur, en compagnie d'autres petits : un bon point pour la socialisation ! Les avantages sont assez nombreux : votre bébé est élevé au milieu d'autres enfants d'âges divers, et bénéficie de l'infrastructure et des jouets de l'assistante maternelle... Bien sûr, parfois, vous devrez le réveiller le matin pour partir, à moins d'avoir l'aide d'une grand-mère, d'une tante. Pour savoir si elle est affectueuse et compétente, soyez observatrice. Si son appartement est « nickel », si les enfants sont collés devant la télévision : oubliez. Une bonne nounou est toujours en train de trouver des idées de jeux. Elle aime aussi sortir au jardin avec les bébés. Et ils en ont besoin.

Conseil plus. Faites régulièrement le point avec elle autour d'un café ou d'un dîner, pour la motiver et consolider le lien privilégié avec votre petit. Et si, comme nombre de parents, vous redoutez le face-à-face bébé-nounou pas très stimulant, n'hésitez pas à lui donner des idées de jeux... Et pourquoi pas des jouets stimulant la créativité.

– **La crèche**

Parentale ou municipale, elle ne concerne que 10 % des enfants grand maximum, mais elle est la solution 100 % sécurisante, pour les parents qui redoutent la relation étroite et le face-à-face un peu « fade » et que l'on imagine souvent à tort peu stimulant avec une nounou. Certes. Mais la crèche, on le sait aujourd'hui, après avoir été portée au pinacle dans les années 1990, est regardée d'un œil plus circonspect par les professionnels de la petite enfance. Les tout premiers mois, en effet, le bébé, même en avance, même surdoué, ne va pas forcément en tirer tous les bénéfices. En revanche, à partir de 10-12 mois, et encore plus 14 mois, au moment où le tout-petit a noué et a bénéficié de relations particulières et affectueuses avec trois ou quatre personnes, il est mûr pour « entrer en société ». C'est idéal, comme nous l'évoquions au chapitre 3, pour booster son sens social.

Conseil plus. N'oubliez pas pour autant de le « briefer » et de décrypter avec lui en permanence le comportement des autres. Il ne peut pas comprendre tout seul, sans votre aide.

Lever le doute

Il a quelques mois, il se tient déjà debout, il a le regard vif, il babille... Vous avez le sentiment qu'il est réellement précoce, peut-être parce que vous avez déjà élevé son frère ou sa sœur aînée, peut-être parce que, autour de vous, on a écarquillé les yeux, en l'entendant parler, marcher, jouer... On a pu s'exclamer : « Mais... il est en avance ! », « Il est supertonique », « Il connaît son alphabet ?! », « Il manie déjà des cubes ! ». Tantôt avec surprise, tantôt avec un brin d'angoisse, quand il s'agissait pour une mère de comparer son bébé au vôtre...

– **Ce qu'observe l'entourage.** Vous, qui êtes parent pour la première fois, peut-être n'avez-vous pas de point de comparaison. Les autres en ont ! Les grands-mères, par exemple, observent souvent d'un œil exercé et intéressé la progression de leurs petits-enfants, distinguant ceux qui montrent des signes de précocité. Attention aux projections inconscientes en la matière. En ce qui concerne la précocité, on a pu voir dès le départ à quel point elle cristallisait espoirs (pour toute une société, pour soi-même) et angoisses. D'où les réflexions non dénuées d'agressivité, parfois. « Bien sûr, elle est intelligente. Tout comme sa maman. » Ou bien, entre cousins-cousines, frères et sœurs, d'un ton légèrement agacé, suivant en cela les bien connues rivalités interfamiliales : « Mais bien sûr, ton gamin est en avance, ça se voit bien. » Vous ne saurez pas, parfois, s'il s'agit d'une remarque approbatrice ou désobligeante, avec l'observation implicite : « S'il connaît son alphabet, c'est qu'elle le pousse, qu'elle le stimule. »

Une chose est sûre : si une remarque anodine pourra passer inaperçue, la répétition vous mettra la puce à l'oreille. Faites confiance aux grands-parents : leur expertise est certes autoproclamée mais reconnaissons-leur des arguments de poids. Ils vous ont vu grandir, ils ont vu pousser les enfants, les petits-enfants. Ils savent souvent très tôt ce que certains parents se disent tout bas, en n'osant pas se le formuler.

– **Le personnel de crèche.** À la garderie, à la crèche, les auxiliaires de puériculture sauront vous éclairer également sur l'éveil de votre bébé, qui est intégré à un « groupe de référence », avec son rythme propre, ses habitudes, ses acquisitions. Rappelons que les crèches sont structurées comme les écoles, avec le groupe de « petits » (bébés jusqu'à 1 an), moyens (entre 12 et 24 mois) et grands (entre 24 et 36 mois). Un enfant qui marche plus vite, qui parle tôt, qui s'implique dans des jeux de plus en plus complexes ne passe pas inaperçu ; de même que celui qui observe le monde d'un œil analytique, et consacre un certain temps à observer son entourage avant de « se lancer » dans une activité. Sensibilisées à la précocité, les auxiliaires savent détecter l'enfant

« en avance » : comme nous l'avions analysé dans le deuxième chapitre, il est particulièrement demandeur d'activités, actif, sans être hyperactif, capable de se concentrer longtemps sur ce qui le passionne. Il aime le défi des activités difficiles et complexes. Il possède une vive imagination, un vocabulaire étendu, des phrases bien construites et plus complexes que celles des enfants de son âge. Enfin, sa mémoire est sans limites, en particulier cette mémorisation du moindre détail, comme nous l'avons constaté (voir chapitre 2).

– **Le pédiatre** qui est le référent incontournable de votre enfant, mois après mois, puis année après année, est le principal témoin de son évolution.

Bien sûr, il ne s'exclamera pas, de but en blanc : « Il est surdoué ! » Mais sans doute vous lancera-t-il quelques petites réflexions : « Vous savez qu'il dispose d'un vocabulaire très étendu, pour son âge ? », « Il parle comme un enfant de 3 ans et demi ». Informés et attentifs au développement psychoaffectif, ce sont eux, bien souvent, qui orientent les parents vers un psychologue pour un premier test.

– **Les parents** se trompent rarement. S'ils pensent que leur rejeton est particulièrement brillant, il est fort possible qu'ils ne se trompent pas. Surtout s'ils ont eu un ou plusieurs enfants auparavant.

Faut-il tester très jeune ?

Est-il utile de recourir, si jeune, à ces tests, ou peut-on se contenter de ces petits points de repère qui guideront l'observation ? Cette question mérite d'être posée, car elle soulève aussitôt son corollaire : pourquoi tester son enfant ? Dans quel but ? Souhaitez-vous un test parce que votre bébé semble particulièrement éveillé ? Ou parce que vous décelez d'ores et déjà des difficultés dans certains domaines ? Le sentez-vous particulièrement curieux, en demande, frustré de ne pas avoir autant qu'il le souhaiterait ? En quelque sorte « dévoré » par les questions qu'il se pose ? Est-ce pour choisir la meilleure école ? Pour vous autoriser à lui donner encore plus ?

Une chose est sûre : les informations que vous obtiendrez sur son intelligence cognitive vous guideront dans ses choix d'activités, de garderie, d'école ou de jardin d'enfants. Et surtout, chose fondamentale, elles permettent aux parents d'encourager les apprentissages au lieu de les freiner ; d'élever leur seuil d'exigence, de « nourrir », disent certains parents, leur enfant au rythme de son appétit.

Les bénéfices que l'on peut tirer d'un test sont donc importants... Mais contrairement à ce que l'on pense, les inconvénients aussi. Si l'enfant obtient des scores très élevés, par exemple, ses parents peuvent être tentés de lui proposer des activités trop exigeantes pour son âge, provoquer à leur insu un stress de performance, et par conséquent un sentiment d'échec. Et dans le cas contraire, si les scores sont faibles, les parents seront tentés de renoncer à encourager les apprentissages.

– **Les baby-tests.** Longtemps réservés aux enfants de 4 ans et plus, les tests de QI sont aujourd'hui « descendus en âge », pour satisfaire la demande des parents. Vous serez peut-être étonné de savoir qu'il en existe une foule ! La plupart de ces tests pour « mini-génies » sont le fait et l'œuvre d'experts américains. L'échelle de développement de Bailey est destinée aux nourrissons dès l'âge de 1 mois, jusqu'à 42 mois, suivie par le IQ Test de Fisher Price (destiné aux bébés à partir de 6 mois), mis au point par la psychologue Dorothy Einon, et constitué de dix questions. Tous ces tests visent à déterminer si le tout-petit tient assis, quelle est la qualité de son attention visuelle, s'il babille déjà, etc. Bilan ? Vous saurez si votre petit génie est du niveau 6, 9 mois, 12 mois ou plus... Doit-on vous préciser que ces bilans « en barboteuse » sont critiqués comme n'étant pas de très bons prédicteurs de l'intelligence future ?

– **À partir de 2 ans et demi**, les tests visent à déterminer le niveau de vocabulaire (nombre de mots), la mémoire à long terme et la mise en place des repères spatiaux (à travers l'assemblage de cubes, la réalisation de petits puzzles, la latéralisation...). Le test le plus connu pour cette tranche d'âge est le WPPSI-III, très bientôt remplacé par le WPPSI IV, et s'adresse aux enfants situés entre 2 ans et demi et 7 ans et 3 mois. Au départ, en 1967, ce test s'adressait aux 4-6 ans, mais s'est élargi aux plus jeunes dès 1989. En 2002, deux nouvelles éditions sont créées, une adaptée pour les tout-petits (2 ans et demi à 3 ans et 11 mois) et une pour les plus « vieux », âgés de 4 ans à 7 ans et 3 mois. But de ce test ? Évaluer les différents aspects de l'intelligence chez un enfant de cet âge, pour éventuellement diagnostiquer les problèmes liés à son fonctionnement intellectuel, donc cibler les forces et faiblesses du petit. Ce test s'exécute donc sur un plan clinique, éducatif, et enfin pour la recherche. Attention : il est important d'emmener un enfant suffisamment mature réaliser ce test de QI, sinon celui-ci risque d'être nul et non avenu. « La première fois que nous avons rencontré la psy pour un test (le WPPSI), Maya avait 3 ans et demi et était devenue intenable à l'école », raconte Sylvia, sa mère. « J'avais beau lui raconter à peu près précisément ce qui allait se passer, elle s'est montrée absolument infernale ! Elle ne cessait de se rendre derrière le bureau de la psy, elle a grimpé sur ses genoux, elle a gribouillé sur ses cartes de visite... Nous avons fini par renoncer, pour revenir trois mois plus tard... »

– **4 ans, le bel âge !** À partir de cet âge, les tests se multiplient comme des champignons, à commencer par le plus fameux d'entre eux, la NEMI-2, refonte complète de la nouvelle échelle métrique de l'intelligence de René Zazzo, qui permet une bonne évaluation du développement intellectuel de l'enfant. Contrairement aux tests pour nourrissons ou presque, elle a la réputation d'être un bon prédicteur de réussite dans les classes primaires et les premières années de collège.

Il faudrait, pour compléter le tableau de toute cette pléiade de tests, évoquer le WNV, échelle non verbale d'intelligence de Wechsler (première à proposer une évaluation non verbale des capacités cognitives), la MSCA, échelle d'aptitude pour enfants de MacCarthy, propre à calculer les intelligences verbale, quantitative, perceptive, mémoire et motricité, à laquelle on peut ajouter aussi les « progressive matrices » de Raven (2002), pour mesurer la capacité inductive de l'enfant, capacité de donner un sens à un ensemble d'éléments, échelle mesurant également la clarté du raisonnement et la qualité de l'observation. La liste n'est pas complète ! On peut y ajouter l'EDEIR (pour les 4-9 ans), le test des cubes de Kohs (qui mesure l'expression analytique et synthétique de la pensée, ainsi que la structuration dans l'espace...). Le docteur Rosina Gallagher, psychologue et fondatrice de l'association Supporting Emotional Needs in Gifted Children[1] suggère, elle, de tester

1. www.sengifted.org

les enfants à l'âge de la maternelle. Elle recommande en outre de pratiquer le test avec un spécialiste habitué à travailler avec de jeunes enfants, qui jugera de bien d'autres critères que de la seule intelligence cognitive.

Bref, vous l'aurez compris, ces batteries de tests, de plus en plus variées, répondent aujourd'hui aux demandes de plus en plus pressantes des parents... Mais révèlent également à quel point la notion même d'intelligence est complexe et variée !

– **Forces et faiblesses de ces mesures.** Le chiffre stricto sensu de QI, qui semble fondamental aux yeux de la plupart des parents et des adultes, compte bien moins, en effet, que d'autres paramètres. L'objectif premier de cette évaluation ? C'est de comprendre la manière spécifique dont l'enfant apprend, quelles sont ses forces et ses vulnérabilités, et quelle est la manière la plus adaptée d'y répondre.

Très jeune, un enfant peut avoir besoin d'un accompagnement en psychomotricité pour un problème de dysgraphie par exemple (écriture maladroite) ou simplement de mauvaise tenue du crayon. Il peut souffrir d'un trouble de l'attention (avec ou sans hyperactivité), qui, non détecté, peut se révéler handicapant plus tard, au moment où il devra mobiliser son attention et faire preuve de concentration. Au moment, surtout, où ses brillantes capacités ne seront plus seules suffisantes pour réussir ; où il devra, précisément, faire preuve d'un sens de l'effort. Pour toutes ces raisons, il est évident qu'un test, rigoureusement et scrupuleusement réalisé, peut être très précieux pour apporter à son enfant ce dont il a besoin, que ce soit un saut de classe ou un accompagnement en dehors de l'école.

Attention : n'oublions pas qu'il s'agit d'un premier regard sur le fonctionnement intellectuel de l'enfant, en aucun cas d'une sanction définitive. Les très jeunes enfants ne sont pas tous à même de gérer affectivement le test, qu'ils soient intimidés, agités, perturbés, ou perdent totalement leurs capacités – les perdant d'autant plus qu'ils sentent, parfois, peser une forte tension sur leurs épaules... ! On constate alors souvent des écarts de scores importants à quelques mois près. Un enfant dont le score est assez bas n'est pas pour autant à ranger parmi les « faibles d'esprit »...

On accélère ?

À l'âge de 5 ans, dernière année pour le WPPSI-III, seuls les enfants susceptibles d'entrer au CP de manière anticipée devraient se soumettre à ce test. Les autres ont tout intérêt à attendre d'avoir atteint leur sixième anniversaire, pour pouvoir se soumettre au WISC-IV. Il est en effet intéressant de proposer un test à l'entrée en primaire, que ce soit en tout début de CP ou de CE1, afin de permettre une accélération du rythme entre le CP et le CE2 si l'enfant précoce en a besoin.

Je ne veux pas sauter le CP !

« Quand nous nous sommes aperçus que Thalie savait parfaitement lire au début de la grande section de maternelle, nous sommes allés voir l'institutrice, en lui demandant ce qu'elle allait bien pouvoir faire au CP, au milieu des enfants qui allaient déchiffrer le b. a-ba. Elle nous a elle-même conseillé de procéder à un test de QI, qui nous donnerait un bon argument auprès de l'établissement pour lui faire sauter le CP. Nous sommes allés voir une psychologue, qui a fait d'elle un bilan extrêmement complet, cognitif et psychoaffectif également. À la fin du bilan, elle a demandé à Thalie ce qu'elle en pensait. Notre fille a répondu, de son petit air buté et déterminé : "Il est hors de question que je saute le CP !" C'était assez cocasse de la voir le dire à la psy à l'issue du test ! D'autant plus que, sans nous donner un chiffre, la psychologue nous avait précisé qu'elle faisait partie des 2 à 3 % d'enfants les plus avancés dans son groupe d'âge. La psy nous a recommandé de suivre son avis, non pas pour nous soumettre à ce qui pourrait ressembler à un "caprice", mais parce qu'au milieu des autres elle était très discrète et un peu inhibée. Elle n'avait jamais, par exemple, osé dire à la maîtresse qu'elle savait lire. Et encore moins à ses camarades ! Thalie est allée en CP, comme elle le souhaitait. À ce moment-là, elle dévorait le troisième tome des aventures de Harry Potter. L'institutrice, que nous avions assez rapidement alertée, lui faisait faire d'autres exercices que le simple déchiffrage, heureusement. Pendant que les autres apprenaient à lire, elle s'exerçait à des mini-commentaires de texte. À l'entrée en CE1, le décalage avec les autres était manifeste. C'est alors que, en accord avec la psychologue scolaire, qui lui a fait en tout début de CE1 réaliser les évaluations de la fin de CE1 – qu'elle a réussies brillamment –, elle est passée directement en CE2. Depuis, elle est très épanouie. »

Aucune obligation

Répétons-le à nouveau : il n'existe pas, comme on le pense, d'obligation à accélérer le rythme scolaire. Cela est à réfléchir en fonction de la maturité affective de l'enfant. Si Gaspard a envie d'un rythme rapide, Tara, elle, voudra maîtriser les concepts et se sentir en position de leader. Il n'est pas rare, quand on est psychologue spécialisé, d'entendre la souffrance et la haine de certains enfants qui ont été bousculés dans leur scolarité par des parents pensant bien faire.

Il y a quelques années, on conseillait fréquemment aux parents de faire sauter deux classes si leur chérubin affichait un score de 140 et plus.

Que vaut un tel conseil, quand il est en outre prodigué par téléphone à des parents soucieux de bien faire ? Aujourd'hui, nous n'en sommes pas là. Car l'enjeu n'est pas : l'enfant a-t-il des capacités immédiates à intégrer des notions de base très rapidement ? Mais plutôt : comment gérera-t-il les attentes du collège et du lycée plus tard ? Comment assumera-t-il la quantité et le rythme de travail à partir de la quatrième-troisième ?

Bien accompagner son enfant, s'il est précoce, vous l'avez compris, c'est tenir compte de son développement intellectuel, certes, mais aussi de son QE et de son QR (quotient émotionnel et relationnel). C'est avec le temps, beaucoup d'affection et d'attention, que l'on percevra les vraies attentes de l'enfant. Rien ne sert de lui coller une étiquette ou un « chiffre » trop tôt, de l'inscrire dans un ghetto... que cela soit le saut de classe systématique, ou l'école pour surdoués.

Préparer l'enfant à la consultation

C'est l'histoire d'une délicieuse fillette de 4 ans, une petite brune coiffée de deux tresses. Soupçonnant une précocité, sa maman la confie aux bons soins de la psychologue. Complicité joyeuse, ambiance légère, la fillette, futée, répond sans problème aux petits jeux et tests, enchantée. Soudain, vingt minutes après le début de l'entretien, un nuage passe sur son visage. Le sourire retombe comme il est venu, la fillette, anxieuse, scrute le visage de la psychologue. « C'est quand, les piqûres ? » lance l'enfant.

Une autre petite fille, ayant entendu parler de « tests », s'étonnait, elle, de ne pas retrouver l'ambiance d'un

laboratoire dans le cabinet de la psychologue !
Ces histoires – vraies – prouvent à quel point il est important de préparer les enfants à la consultation chez un psychologue ! Quelques minutes suffisent pour le faire. On peut, par exemple, lui raconter : « Tu vas rencontrer une dame qui va te poser des questions et faire des petits jeux avec toi, tu vas voir, c'est amusant. Au début je serai avec toi et ensuite tu resteras seule avec la dame. Un peu comme quand je te laisse à l'école (à la garderie). Je ne serai pas loin. Ce que tu vas faire, c'est important, ça va donner de bons conseils pour l'école, pour les activités. » La démarche sera tout autre si l'enfant précoce a besoin d'un soutien psychologique. « Tu vas rencontrer avec moi un docteur des soucis avec qui tu vas parler de devenir un grand, te faire des copains à l'école... »
Si les parents sont anxieux et qu'ils redoutent la consultation, qu'ils n'hésitent pas à rencontrer le psy avant.

Entre 90 et 160

Certains tests, comme le WPPSI-III, ne requièrent aucune aptitude de lecture ou d'écriture. Certains sont chronométrés, d'autres non. Peut-être vous interrogez-vous : comment choisir ? Pas de panique à avoir dans l'hyperchoix. C'est bel et bien au psychologue de déterminer lequel sera le plus adapté à votre objectif et à l'âge de votre enfant. Une chose est sûre : les performances seront toujours appréciées en tenant compte de sa classe d'âge : c'est-à-dire de 3 mois à 17 ans.

Comment interpréter le résultat ? La norme se situe entre 90 et 110 (elle est évoquée la plupart du temps à 100), et on parle de précocité à partir de 130 (2,2 % d'un groupe d'âge), un QI de 145 correspondant à 0,1 % des individus (soit 1 sur 1 000). Les résultats des principaux tests (du WPPSI à l'échelle de McCarthy par exemple) sont généralement corrélés : un score élevé à tel test se retrouvera dans tel autre.

Le QI est-il constant ? Un QI est une note minimale à un moment donné, qui ne saurait résumer l'intégralité des compétences et des aptitudes cognitives de l'enfant. Certains facteurs peuvent en effet minorer les résultats (anxiété, relation difficile à l'examinateur, facteur chance, jour « sans »... même pour les petits). C'est un peu comme un examen pour les plus âgés : on peut ne pas être en forme ! C'est la raison pour laquelle le psychologue préfère donner un éventail plutôt qu'un chiffre précis (entre 115 et 125 par exemple). D'autres préfèrent donner une indication de pourcentage plutôt qu'un chiffre.

Un QI n'est pas un « passeport à vie » : il n'est pas le garant d'une réussite ultérieure assurée ! Et pour cause : il ne mesure ni la créativité, ni l'équilibre affectif, ni l'intelligence relationnelle, ni les aptitudes physiques et artistiques. Tous ces paramètres qui, eux aussi, révèlent d'autres formes d'intelligence. La preuve ? Deux enfants dotés du même QI peuvent être extrêmement différents l'un de l'autre, avec chacun ses forces, ses faiblesses, et surtout chacun sa personnalité.

La maternelle à 2 ans ?

Votre enfant est, sinon précoce, du moins extrêmement vif. Et vous vous interrogez, logiquement, sur la possibilité de le scolariser à 2 ans. Sachez que le sujet fait débat et déchaîne les passions ! Alors qu'un saut de classe s'impose souvent, une scolarisation précoce n'est pas forcément une bonne idée. En voici les raisons :

L'encadrement. À la crèche ou à la garderie, on compte une auxiliaire pour 6 enfants. À l'école, un maître d'école pour 27 à 30 enfants. Résultat : on ne peut pas toujours être derrière eux, alors que 2 ans est encore un âge très jeune. Exemple ? Un enfant prend son jouet à un autre. Si l'on ne réagit pas immédiatement, que risque-t-il de penser ? À l'école, il est normal que l'on prenne les jouets des autres. À 3 ans, on est capable d'attendre l'explication de la maîtresse. Mais à 2 ans, on est encore bien petit.

Le problème de rythme. Les contraintes horaires peuvent poser problème : les pauses pipi sur commande ne sont pas vraiment de leur âge, sans parler de la longueur des journées – ce qui ne change pas vraiment beaucoup par rapport à la crèche ou la maternelle.

Bref, à vous de voir à quel stade en est votre enfant. Et si, outre sa fulgurante intelligence, il est capable de suivre le rythme de l'école. La meilleure idée serait de le scolariser jusqu'à 11 h 30, pour lui permettre de « savourer » l'école au mieux, et de l'emmener déjeuner à la maison – ou chez une nourrice, où il passerait le reste de l'après-midi. Une chose est sûre : entre 2 et 3 ans, on est encore dans une relation « duelle » avec une personne, et on a besoin de consolider ses bases affectives. Cette scolarisation précoce, en outre, n'équivaut pas à une année d'avance. Votre enfant suivra forcément quatre années de maternelle – sauf demande de dérogation, souvent difficile à obtenir !

Faut-il accélérer le rythme scolaire ?

Vu la fulgurance de sa pensée, et sa rapidité d'exécution, l'accélération du rythme scolaire se pose fatalement à un moment ou à un autre de la scolarité de l'enfant précoce. Et parfois, très tôt. Il n'y a pas de règle en la matière, chaque enfant est différent. Mais voici les principaux arguments des « pour » et des « anti »...

Pour...

– **Éviter l'ennui**. Si l'ennui est parfois bénéfique dans la vie d'un enfant, il l'est rarement dans le cadre scolaire, quand on est assis sur un banc, sur une petite table, et que l'on attend désespérément que les heures passent, sans pouvoir faire rien d'autre. C'est ce qui se passe parfois chez le petit précoce. S'il trouve très rapidement les réponses aux questions ou aux problèmes posés par le maître, que va-t-il faire ? Il s'évade, se réfugie sur son petit nuage... Bref, il décroche. Par conséquent, l'ennui est délétère.

– **Booster son sens de l'effort.** À force de réaliser parfaitement un dessin, d'écrire, de résoudre un problème quasi instantanément, on ne s'habitue pas à chercher la réponse. On ne cherche pas... car on trouve ! Le sens de l'effort est un muscle qui se travaille au quotidien, et la facilité un piège. Il faut donner au petit précoce l'occasion de se dépasser lui-même. Sinon, on court le risque, au moment où de toute façon son sens de l'effort sera requis (en fin de collège), de le voir totalement démuni face à l'étendue du travail à réaliser. Soudain, tout ne va pas « tomber tout cru » du ciel. Le sens de l'effort peut être nourri avec un saut de classe, voire deux. Les « anti-sauts de classe » doivent savoir qu'il y a parfois plus de risque à ne pas sauter de classe qu'à en sauter une.

– **La maturité sociale.** Plus à l'aise avec les adultes, et les plus âgés, les petits précoces recherchent la fréquentation des enfants plus vieux qu'eux et s'intègrent généralement bien...

De faux arguments contre

– **Le développement physique.** Certains détracteurs des « sauts de classe » prétendent que l'enfant risque d'être malheureux s'il est plus petit que ses camarades et moins « avancé » physiquement. « Quand j'ai demandé si Erika pouvait faire le CE1 et le CE2 en une année car elle était très brillante et s'ennuyait manifestement, la maîtresse m'a regardée comme si j'étais une mère "maltraitante", soupire Patricia. Et elle m'a dit : "Laissez-la vivre ! En plus, elle est plutôt petite pour sa taille, je ne la vois pas du tout avec des plus grands." »

Fausse excuse de ceux qui veulent échapper à la prise de décision ! Les décalages de taille n'ont jamais empêché les enfants de se sentir bien dans une classe. On constate d'ailleurs une très grande hétérogénéité de tailles dans une même tranche d'âge.

– **Problème de graphisme.** Il sait lire de manière fluide (sans hacher les mots, et en comprenant ce qu'il lit) mais se révèle d'une grande maladresse avec un stylo... Rien de plus normal, là encore. Lecture et écriture sont rarement synchronisées... Et ce, d'autant plus que la pensée fulgurante d'un enfant précoce va infiniment plus vite que son geste ! S'il est capable de comprendre, de gérer une information complexe et de se concentrer, il a intérêt à aller de l'avant. Son graphisme, plus lent, suivra. Quitte à lui donner quelques séances de psychomotricité fine pour lui apprendre à mieux tenir son stylo...

Voir beaucoup plus loin

– **L'ado surdoué**. Peut-être cela vous semble-t-il irraisonnable ou exagéré de réfléchir déjà à l'adolescence alors que votre bout de chou feuillette avec avidité *Petit Ours brun* ? Dans ce chapitre « Anticiper l'avenir », il est pourtant nécessaire d'avoir sous les yeux l'intégralité de la scolarité de votre enfant, de la maternelle à la terminale. Sans exagérer les conséquences d'un passage anticipé, sachez que si une année d'avance se gère parfaitement (on a certes l'impression de voir son enfant glisser dans l'adolescence un peu rapidement), deux ans d'avance peuvent poser problème. Retard de taille, et différences de centres d'intérêt... Les petits précoces sont parfois considérés comme des « bouffons » (entendez des intellos) de la part des autres, ce qui leur vaut parfois des mises à l'écart. Là encore, c'est exceptionnel. Si on ne peut anticiper ce qui se passera en quatrième ou en seconde, on peut néanmoins les accompagner sur le chemin de leur singularité, leur apprendre à assumer leur différence, et les encourager à développer leur intelligence relationnelle (voir le chapitre 3).

– **L'immaturité affective.** Le décalage entre la maturité intellectuelle et la maturité affective est souvent impressionnant chez les petits précoces. Et saute d'autant plus aux yeux qu'ils sont capables de raisonner comme des grands pour ensuite fondre en larmes quand, par exemple, on les sépare de leur meilleur copain. C'est d'autant plus fréquent que l'hypersensibilité, comme nous l'avons vu, est une caractéristique partagée par nombre de petits surdoués. Par conséquent, un saut de classe pour un petit précoce se prépare et « se parle » longtemps à l'avance. L'enfant doit se sentir prêt, sur tous les plans, à sauter le pas.

– **La charge de travail ?** Appuyons sur la touche *rewind*, et projetons-nous, une fois encore, à l'adolescence, cette fois-ci, en classe de quatrième ou troisième, au moment où la mèche s'allonge indéfiniment sur le front, où les ricanements fusent et les boutons fleurissent ! Pour couronner le tout, les ados devront, coûte que coûte, fournir une lourde charge de travail. La scolarité est ainsi faite que, si le début des années collège est plutôt tranquille, voire franchement « cool », comme disent nos ados, le rythme s'emballe avec l'introduction de la seconde langue, et l'exigence requise avant le passage au lycée.

La difficulté à assumer une lourde charge de travail dans les années de fin de collège est également un point soulevé par les « anti-sauts de classe ». Un enfant de 11 ans est-il capable de fournir autant d'efforts qu'un ado de 13 ans en quatrième, sans rogner sur ses activités parascolaires ? Sans l'empêcher de continuer à aller au judo ou au violon ? La réponse est « oui », bien sûr, si vous l'avez habitué, précisément, à travailler seul, et à fournir des efforts. On voit beaucoup de collégiens poursuivre sport, musique, dessin... après leur journée de cours.

– **Y a-t-il de « bons » sauts de classe ?** Certains petits surdoués passent allègrement de la petite section à la grande section, en zappant la case « moyenne section ». Mais d'autres effectueront les deux années en une, en regroupant soit la moyenne et la grande section, soit le CE1 et le CE2... Soit les deux.

Pour ce faire, dès l'inscription à la maternelle, demandez que votre enfant soit inscrit si cela est possible dans une classe à double niveau (chez les moyens-grands) en insistant pour qu'il passe l'année avec des enfants du niveau supérieur. Ainsi, il ne sera pas en terrain inconnu et connaîtra des copains s'il est amené à sauter une classe, comme il est arrivé à Colas. « Colas était dans une classe à double niveau », raconte Sarah, sa maman, moyen avec les grands. « Il n'a sauté ni la moyenne, ni la grande section, ni le CP. Mais arrivé en CE2, l'institutrice nous a alertés sur sa phénoménale avance. C'est donc l'année du CE2 qu'il a sautée... Nous avons béni le ciel qu'il ait pu faire cette classe à double niveau en maternelle, car il s'est alors retrouvé avec des "vieux copains" de grande section ! Ce qui a facilité bien sûr son transfert. »

Il est préférable de ne pas sauter la « grande section » qui, aujourd'hui, fait partie du cycle des apprentissages (grande section-CP-CE1), et qui est *la* classe de démarrage du rythme de l'école élémentaire. Mieux vaut, comme nous l'avons évoqué, regrouper en une année moyenne et grande sections, même si un changement de maîtresse en cours d'année n'est pas l'idéal.

– **Le CP : un rite de passage ?** Le « saut du CP » peut être délicat. Ce « premier pas » dans la grande école, cet accès à l'école élémentaire est essentiel dans la scolarité de l'enfant. Le tout jeune frais émoulu de la maternelle peut lui-même se sentir frustré de n'y avoir pas accès, avec l'impression d'avoir loupé ce vrai rite de passage (souvenez-vous de l'histoire de Maya et de sa réflexion : « Je ne veux pas sauter le CP ! »).

Il n'y a pas de règle, comme vous le voyez... L'important est de parler avec l'enfant, en présence d'un spécialiste, et également de l'institutrice.

Des alternatives au « grand saut »

Certains parents préfèrent à tout prix éviter le saut de classe – pour des raisons liées à l'immaturité affective par exemple, ou tout simplement parce qu'eux-mêmes en ont gardé un souvenir déplorable ! Ils cherchent alors des solutions alternatives pour continuer à motiver leur petit surdoué. De la structure à tout petit effectif (comme on voit souvent dans les écoles privées hors contrat), à l'enseignement bilingue (anglais-français la plupart du temps dès l'âge le plus tendre), en passant par les classes spéciales « surdoués », qu'en penser ?

– **Le bilinguisme** se justifie surtout si l'un des parents est lui-même anglophone, hispanophone... Dans tous les cas, il n'est pas interdit de le « plonger » de temps à autre dans un bain linguistique, à condition que cela reste toujours de l'ordre du jeu ! De simples échanges ludiques, sur le mode des comptines, chansons, d'un vocabulaire simple peuvent être très enrichissants, à condition de ne pas, déjà, penser à lui enseigner les règles de grammaire ! Tout cela doit rester purement gratuit pour l'instant. Ne craignez pas de brouiller les pistes entre l'apprentissage du français et de l'anglais (ou d'une autre langue). Au contraire, le « switch » entre deux langues favoriserait la créativité tous azimuts de l'enfant, d'après la théorie de la psycholinguiste Maria Kihlstedt, maître de conférences à l'université Paris-Ouest Nanterre. Pourquoi, dès la maternelle, ne pas mettre en place un petit groupe de deux ou trois et partager les frais d'une baby-sitter anglaise ou espagnole ?

– **Des fondations solides en maternelle.** Certains parents considèrent les années de maternelle comme une perte de temps pour leur petit précoce. Et cherchent à très vite lui apprendre à lire et à écrire. Mais brûler les étapes n'est pas forcément une bonne idée, car, comme le signale une directrice d'école maternelle parisienne, « les fondations doivent être très solides... Même si par la suite, en primaire, l'enfant peut sauter une ou deux classes, je préfère pour ma part que, comme dans une maison, on soigne les structures de base ». Rappelons ce que nous avons vu dans les chapitres précédents : jusqu'à l'âge de

6 ans, l'apprentissage se fait la plupart du temps par le jeu, avec le corps. Bref, ces apprentissages ludo-éducatifs, par l'intermédiaire des jouets ou des jeux de société, sont indispensables avant d'aborder les grands concepts de l'abstraction : la lecture, l'écriture, le calcul. Ne vous précipitez donc pas pour lui apprendre à lire et devancer le programme... Car l'apprentissage de la lecture se prépare aussi par le jeu ! Mais répondez à ses sollicitations si vous percevez une réelle demande.

– **Un programme enrichi**. En revanche, l'idéal est tout de même, dans le cadre de la précocité, que l'enfant soit stimulé *in situ*, en classe, par un maître ou une maîtresse qui lui propose d'autres « nourritures », que ce soit l'accès au coin lecture quand il a terminé son travail, voire de mini-explications de texte s'il sait déjà lire. L'enfant peut alors faire partager ses découvertes à ses camarades, et devient une « tête de classe » particulièrement appréciée par les maîtres !

– **Des nourritures extrascolaires.** D'autres trouvent à l'extérieur de la classe « matière » à se nourrir, en piochant dans les activités proposées par l'établissement (ateliers bleus à Paris, activités mises en place par des associations de parents). Célina, petite précoce très douée en lecture, a opté pour... le chinois. « Célina a démarré le chinois en grande section de maternelle », se souvient son papa, Sofiane. « Elle était très demandeuse d'apprendre et nous cherchions à la "nourrir" intellectuellement. Quand on nous a proposé ces cours (entre 17 et 18 heures une fois par semaine, au sein de son école), nous avons d'abord cru à une sorte de "gag". Du chinois à 5 ans ! Nous n'avons pas eu à le regretter. Aujourd'hui, Célina a 11 ans et poursuit des cours particuliers à la maison. Elle prendra chinois en LV3 au lycée », se félicite son père.

– **La musique**. La pratique d'un instrument est un excellent moyen d'« enrichir » une année qui vous semble un peu trop facile pour lui. D'une part, il y trouvera du plaisir – et c'est l'essentiel. D'autre part, la pratique du piano, du violon, pour ne citer que les deux instruments les plus répandus, exige un sérieux sens de la méthode et de l'effort. Si on joue par plaisir et par facilité, au début, on ne peut échapper à la mise en œuvre du sens de l'effort pour progresser. Aidez-le d'ailleurs à recommencer, s'il achoppe sur un accord, par exemple. « Tu dois recommencer, encore et encore, cet accord-ci, d'abord la main droite, puis la main gauche, etc. » Et remerciez l'enseignant, s'il se montre inflexible… Votre petit génie comprendra *in situ* et *in vivo* quel est l'intérêt de faire des efforts.

L'école idéale

Elle regrouperait dans une classe des enfants en tout petit effectif (15 maximum), avec un enseignant qui serait à la fois éducateur et conseiller. L'enseignement serait fondé sur les apprentissages et les ateliers. Les élèves y expérimenteraient différentes méthodes de travail, et trouveraient eux-mêmes la solution au problème demandé. Les enfants seraient en position de « chercheurs » plus que de « récepteurs ». Bref, ils seraient actifs, et non passifs... Cet enseignement, qui est la base du système finlandais, l'un des mieux notés du monde sur l'échelle internationale PISA[1], n'est pas encore d'actualité en France...

Dialogue : restez zen

Le dialogue avec l'institution scolaire est fondamental. D'ailleurs, dès la première rentrée, au cours d'un rendez-vous avec le directeur ou la directrice de l'établissement, vous comprendrez vite le fonctionnement de la maison ! Sans doute verrez-vous de vous-même comment le sujet de la précocité y est considéré, et si une demande éventuelle de saut de classe n'inspire pas qu'une réaction hostile et agressive...

Aujourd'hui, grâce aux formations qui leur sont prodiguées, les progrès sont notables. Et un grand nombre de directrices et directeurs repèrent rapidement les petits précoces. Néanmoins, certains se méfient encore comme de la peste de parents trop

1. PISA, *Program for International Student Assessment* (programme international pour le suivi des acquis des élèves) est un ensemble d'études menées par l'OCDE visant à mesurer la performance des systèmes éducatifs des pays. Leur publication est triennale.

demandeurs de sauts de classe. Ils les regardent d'un œil méfiant en soupirant : « Laissez-les vivre. » Nous sommes tous d'accord : il ne faut pas élever les enfants avec un stylo dans une main et un martinet dans une autre, mais « laisser vivre » un enfant qui s'ennuie à mourir en classe n'est pas non plus une solution. Rappelons-le : il y a parfois plus de risques à empêcher un saut de classe qu'à le faciliter, mais notre bien connue « société de risque zéro » encouragera plutôt le *statu quo*.

Dans tous les cas, évitez à tout prix d'aller à l'affrontement. « Trop souvent, se plaint un directeur d'école, les parents arrivent, stressés, craignant que leur petit ne perde son avance, avec une demande, voire une injonction, de "saut de classe". C'est tout à fait dommageable. » Ce directeur a raison : la compréhension est toujours préférable à l'affrontement... pour votre enfant d'abord. Il doit sentir que vous faites corps avec l'équipe éducative, dans son intérêt et pour sa réussite. Déployez donc des trésors de sourires et de négociation...

Un peu de pudeur

C'est la raison pour laquelle on peut vous conseiller de ne pas trop vite évoquer les capacités ou le formidable potentiel de votre petit surdoué auprès de la maîtresse. Attendez quelques semaines (trois ou quatre) avant de prendre rendez-vous avec elle, et posez-lui quelques questions. A-t-elle constaté qu'il était « décalé » par rapport au reste de la classe ? Sont-ils plusieurs à être dans le même cas ? Certains parents sont tout à fait étonnés d'entendre dire de la bouche de la maîtresse que leur petit Einstein n'est pas si en avance que cela. Les performances qu'un enfant accomplit dans le cadre familial peuvent être tout à fait autres dans le cadre scolaire. Rappelez-vous à ce sujet les confidences d'un Jean-Paul Sartre dans son autobiographie : considéré comme un petit génie à la maison, en particulier par sa mère, le philosophe en herbe se révèle plutôt moyen à l'école[1].

Mais si la maîtresse a constaté une réelle avance, si vous la sentez concernée, si elle vous répond que, en effet « elle est bien la seule de la classe à être capable de résumer une histoire », ou que « Oscar est très en avance en calcul mental », vous serez libre ensuite d'évoquer que votre enfant a été testé. Un regard, un geste, une manifestation de langage non verbal vous renseignera alors sur l'accueil de cette révélation.

Libre à vous ensuite d'évoquer un saut de classe, un enrichissement de programme, bref... de réfléchir avec la maîtresse et la directrice de la voie à suivre. L'objectif : non pas la satisfaction narcissique de « couver » un petit Einstein mais une prise en charge de ses besoins, de ses exigences, afin d'éviter un décrochage. Insistez bien sur ce point. Et vous serez entendu !

1. Jean-Paul Sartre, *Les Mots*, Gallimard, 1963.

Gare aux « invisibles »

Les maîtres et maîtresses sont beaucoup plus attentifs aux « précoces extravertis », les certes sympathiques mais épuisants perturbateurs, qui lèvent le doigt cinquante fois dans la journée, qui posent des questions, répondent « trop vite », jouent les curieux et se retrouvent souvent dans le couloir !

Ceux-là se font remarquer, et ne se font pas oublier. Curieusement, ces zébulons rencontrent moins de difficultés que d'autres à obtenir la dérogation pour un saut de classe. En revanche, ceux que l'on peut nommer « précoces invisibles », ces enfants plutôt introvertis qui dorment les yeux ouverts, mais ne dérangent personne, ne gênent pas particulièrement les maîtres. Au contraire... On les aime, car ils obtiennent d'excellents résultats tout en douceur, avec une discrétion exemplaire et tirent la classe vers le haut. Encore les trouve-t-on un tantinet tristes et absents. Mais on ne fera pas de forcing pour leur faciliter le saut de classe.

Ces enfants trop sages sont précisément des élèves « à risque » pour les années collège. À force de se taire, de s'ennuyer, ils risquent de « lâcher ». Ce sont précisément eux qu'il faut aider.

Précocité et échec... Pourquoi ?

Si tant de parents sont « sur les dents » concernant la gestion de la précocité, les éventuels sauts de classe, la relation à l'école, c'est parce qu'ils ont entendu et lu ce chiffre fatidique : un tiers des surdoués seraient en échec. Ce qui est vrai n'est pas une fatalité. Ce qui implique également que les deux tiers réussissent très bien. Que s'est-il passé pour ces précoces ?

Question toujours mystérieuse, révoltante. Comment est-il possible, quand on est doté d'un haut potentiel, de capacités souvent extraordinaires, d'échouer ? Jusqu'à, parfois, totalement sortir du système scolaire ? Pourquoi certains petits surdoués sont-ils assez tôt écœurés par l'école au point de ne rien vouloir faire de leur brillante intelligence – du moins sur le plan scolaire ?

Incommensurable ennui

Très tôt, dès la deuxième année de maternelle, ils comprennent intuitivement qu'ils ont un rythme propre. Comment réagirions-nous, nous, adultes, si nous étions obligés de suivre à longueur de journée une série de colloques déclinés au ralenti, comme si nous passions – pardon pour cet anachronisme – d'un 78 à un 33 tours ? Nous chercherions à échapper à ce sinistre programme. Et si on nous obligeait à nous y rendre, c'est notre cerveau qui s'échapperait. « Dès la seconde année de maternelle – se souvient Emmanuelle – Lily s'est mise à se replier sur elle-même. Elle affichait un petit regard triste. Nous ne comprenions pas ce qui se passait. L'institutrice, avec qui nous avons pris rendez-vous, nous a dit qu'elle était totalement "ailleurs". Née début janvier, elle était déjà très en avance sur son âge d'un point de vue académique, mais elle l'était aussi sur le plan scolaire. Aidés de l'institutrice, nous avons demandé fermement qu'elle passe en grande section à la directrice qui n'était pas très partante. Nous avons obtenu gain de cause. Je pense que sa tristesse et, surtout, sa distraction révélaient un tout début de décrochage. Nous sommes aujourd'hui hypervigilants, car nous savons maintenant que l'école ne sera pas toujours chose facile avec elle. » La distraction a bon dos. Au nom de cette distraction, de ce prétendu tempérament lunaire, voire d'une hyperactivité galopante, combien de très jeunes précoces a-t-on laissés s'ennuyer sur les bancs de l'école ?

Attention, vigilance

Vigilance... Emmanuelle a lâché le mot important. Ces petits surdoués sont dotés d'une particularité qui n'est pas un handicap, bien sûr, mais une singularité à prendre très au sérieux. On constate qu'un dysfonctionnement avec l'école se met en place quand la souffrance de l'enfant n'a pas été prise en compte, quand on a estimé normal qu'il s'enferme dans une tour d'ivoire (« Après tout, c'est son style, il est assez solitaire »).

Les problèmes avec l'école commencent quand les deux attitudes extrêmes se mettent en route, quand les parents exigent trop de lui ou que, à l'opposé, ils le laissent se reposer sur ses lauriers. Imaginons la scène suivante : un enfant de CP refuse de faire son exercice. « C'est trop facile, je sais le faire, j'ai entendu en classe. » Réaction (néfaste) du parent : « D'accord, de toute façon tu as eu 10 sur 10 toute l'année, tu es bien plus fort que les élèves de cette classe, ne le fais pas. » La réaction adéquate en revanche, serait : « Fais-le de toute façon, car c'est la règle, et si c'est trop facile, je vais t'en donner un autre. » La liste est longue, mais souligne à quel point protéger son enfant contre un échec requiert une attention de tout instant, des parents mais aussi des enseignants et des proches. « Je regrette un peu de n'avoir pas suffisamment écouté ma mère, se reproche Isabelle, qui me disait à quel point, en tant qu'ancienne institutrice, le dégoût de son petit-fils pour l'école l'inquiétait. Moi, il ne m'inquiétait pas car il était brillantissime. Mais à l'époque, on ne parlait pas des précoces comme aujourd'hui... »

Lui dire ou pas ?

Anticiper l'avenir, prévenir l'échec, c'est aussi permettre au petit surdoué de comprendre sa différence. La perception qu'il a de sa singularité viendra très tôt, d'où l'importance de lui en parler rapidement. Être différent n'est pas être nécessairement mieux ou « moins bien » que les autres. C'est fonctionner sur un autre mode, comme nous l'avons démontré dans le chapitre 2.

Si les petits précoces ne sont pas avertis suffisamment tôt de cette différence, ils risquent, non pas de se sentir plus intelligents que les autres, mais au contraire, stupides, bêtas, ne parvenant pas à communiquer avec leurs pairs. N'oublions pas qu'un enfant surdoué de 3 ans a, souvent, un vocabulaire cinq fois, dix fois, sinon vingt fois plus riche que celui d'un enfant de son âge. Avouez qu'il y a de quoi se sentir différent. Et se voir regarder d'un œil circonspect par les autres copains...

Mettre des mots sur des comportements est donc essentiel pour que le petit précoce ne se sente ni « monstrueux » ni exclu. Dans un premier temps, on pourra lui dire qu'il est un « grand » dans certains domaines, particulièrement en avance dans sa façon de faire et ses intérêts. Le mot « précoce » utilisé en France y fait bien référence. Il a de « l'avance », certes, mais une avance qui ne sera pas rattrapée par les autres. Doit-on lui dire qu'il est « hyperintelligent » ? Osons une réponse à la normande : « oui » et « non ». Oui, car tous les parents du monde ont intérêt à encourager l'enfant et à souligner son intelligence. D'un autre côté, lui signifier qu'il est « plus intelligent que la moyenne » laisse perplexe. D'une part parce que, si l'enfant le répète et le rappelle à ses copains, il s'exclut lui-même du cercle amical. Quelle outrecuidance ! Quelle prétention ! pourront penser les autres. D'autre part parce que, placé ainsi en position de petit leader, il est soumis illico au stress de performance. « Très intelligent », signifie « tu dois être à la hauteur de ton intelligence ». Certains enfants ne supportent pas d'être traités ainsi (nous l'avons suffisamment perçu au tout début de ce chapitre) et mettront parfois tout en œuvre pour démontrer le contraire ! Histoire, peut-être, de tester l'amour de leurs parents. L'inconscient n'a que faire d'un chiffre de QI, l'inconscient se moque bien de l'intelligence, et l'interrogation implicite, derrière un comportement rebelle ou qui nous semble parfaitement idiot, serait celle-ci : « Et si je me montre bêta, et si je me mets en échec, est-ce qu'ils m'aimeront autant ? » C'est comme si à un test de QI se substituait une sorte de « test d'amour ». « Oui, semblent dire ces petits futés, j'ai compris que j'étais intelligent… Mais si je ne l'étais pas, tu m'aimerais quand même ? »

Le joli mot de « Primevères », utilisé il y a quelques années pour caractériser les premières classes pour enfants précoces au collège, fait référence aux premières fleurs sorties au printemps.

C'est joli, poétique... mais peu utilisé dans le domaine courant, et, surtout, pendant les quatre premières années de vie d'un enfant. Un « bébé Primevère » : la formule mériterait de faire école. Nous vous laissons la diffuser auprès de vos proches !

Je pense, donc je clique... Le séduisant monde numérique !

Nous le savons maintenant : les jeunes enfants précoces, en particulier les garçons, sont particulièrement fascinés, voire « happés » par les jeux vidéo. Cet engouement survient très tôt, parfois même avant 6 ans. Pourquoi ?

Fascinante simultanéité

Les enfants expérimentent avec jubilation la simultanéité entre leur pensée et l'action sur l'écran. Les plus rapides d'entre eux peuvent enfin trouver un interlocuteur aussi puissant et performant qu'eux. Cette fameuse « intelligence numérique », celle qui met en jeu la fluidité, l'association de pensées, le *« plug and play »* (j'expérimente, je joue), les rend particulièrement heureux. Ils s'y sentent comme un poisson dans l'eau, car elle leur renvoie les notions de « flashes », d'intelligence intuitive dont nous avons parlé dans le deuxième chapitre... C'est la raison pour laquelle ils « tombent dans la marmite » parfois dès le plus jeune âge.

La coordination œil-main

Avec la tablette numérique, le bébé expérimente et jouit d'une autre prérogative : la coordination œil-main. Je vois, je touche, j'obtiens... Le psychologue Michael Stora, fondateur de l'Observatoire des mondes numériques en sciences humaines[1] le souligne : « La tablette permet un rapport immédiat avec la technique, sans passer par le tiers (la souris). Une aubaine pour la génération "*plug and play*", qui déteste les modes d'emploi. » Sur l'iPad, ou sur n'importe quelle tablette, le petit précoce va pouvoir développer son intelligence hypothético-déductive : j'effectue tel geste, et j'obtiens tel effet. Quelle jubilation pour celui qui trouve que rien ne va aussi vite que son cerveau. Tout un monde de connaissances s'ouvre à lui.

Pas de doudou numérique exclusif

Ne diabolisons pas ces jeux, mais reconnaissons le risque potentiel chez les jeunes enfants vulnérables, pas très à l'aise avec les autres, et qui se

1. « Le grand boom des tablettes », *Version Fémina*, 29 novembre 2012.

réfugient littéralement derrière ces écrans. « C'est le seul endroit où je me sens en paix, non harcelé par les autres... Le seul endroit où je me sens bien », confie Adrien, aujourd'hui ado, et qui a consacré des heures et des heures à jouer en solo...

L'addiction, rassurons-nous, ne leur pend pas au bout du nez à 3 ou 4 ans ! Mais les bonnes habitudes se prennent très tôt. La prévention d'une éventuelle addiction aussi. Pour ne pas transformer l'iPad ou le jeu vidéo en doudou numérique, il faut respecter quelques règles.

Stimuler la motricité fine

Il faut continuer à stimuler sa motricité fine, surtout avant 6 ans. Dessin, pâte à modeler, pinceau... Ne laissons pas tomber ce chapitre précieux de la créativité... Si votre tout-petit est intéressé par l'iPad, ne renoncez pas aux jeux comme les Duplo, les Kapla, les Meccano, ou les sets de Playmobil, ces merveilleuses figurines qui traduisent si bien la richesse du réel !

Stimuler l'intelligence méthodique, littéraire

C'est ce qu'ont démontré les experts (Olivier Houdé, Serge Tisseron) lors d'une réunion de l'Académie des sciences. Réuni autour de la réflexion sur les jeux vidéo et l'intelligence numérique, le collectif a émis l'avis suivant : c'est aux parents, aux instituteurs et aux professionnels de l'enfance d'encadrer les jeunes enfants, de discuter avec eux de leurs jeux. Sans les diaboliser. Encadrer, cela signifie : jouer avec eux et, surtout, parler avec eux de ce qu'ils ont fait. Pourquoi engager un dialogue entre parents et enfants ? Parce que parler d'une passion permet de prendre du recul, de réfléchir, et de ne pas se laisser « happer » par cette passion. Seconde raison : parler avec nos jeunes enfants des jeux vidéo permet en outre de faire fonctionner leur « intelligence linéaire », ou « méthodique », celle qui fait appel à une méthode, au raisonnement, au déroulement d'une histoire. Tout à fait à l'opposé de la fameuse « intelligence numérique », qui procède par flashes. Les experts sont formels : l'enfant ne court aucun risque d'addiction aux jeux, si nous, adultes, restons bien présents auprès d'eux. Si nous, adultes, veillons à ce qu'il utilise ses deux types d'intelligence : l'intelligence linéaire et méthodique à côté de l'intelligence numérique.

Les jeux vidéo : pourquoi il les aime tant[1] ?

1. Ils l'initient au monde de demain : un monde dans lequel il aura à gérer des machines de plus en plus imprévisibles. Un monde dans lequel l'image n'est pas

1. Serge Tisseron, Isabelle Gravillon, *Qui a peur des jeux vidéo ?*, Albin Michel, « Questions de parents », 2008.

qu'un reflet de la réalité, mais une pure construction « bidouillée » de toutes pièces.
2. Ils entraînent son intelligence intuitive et hypothético-déductive : à l'enfant d'inventer son propre chemin. Ils entraînent le bébé puis l'enfant à développer une forme d'intelligence fondée sur l'expérimentation et l'improvisation. C'est très positif : toutes nos relations sociales ne sont-elles pas fondées sur cette démarche expérimentale ?
3. Ils développent la sociabilité... jusqu'à un certain point.
4. Ils l'encouragent à devenir actif : grâce à lui et lui seul l'image apparaît... puis disparaît ! Chez le petit enfant, le zapping est l'équivalent virtuel du jeu de la disparition/réapparition (rappelez-vous le jeu du « *fort/da* », ainsi désigné par Freud).

Parfois ne rien faire

Chez les petits précoces, souvent hypersensibles, parfois anxieux, et qui se sentent de temps en temps exclus des autres groupes, la tentation est forte de s'attacher à un jeu, à un loisir, de rentrer dans l'exclusivité et la « monomanie ». Le désir est grand de se protéger derrière une passion. Pendant toutes les années qui vous attendent, avec lui, vous aurez à cœur, précisément, de développer tout l'éventail des jeux – jeux numériques, jeux moteurs, jeux de société, jeux tout simples – qui se trouvent à votre portée. Une chose est sûre : malgré l'éventail de tous les jouets sonores et autres stimuli, l'objet n'a d'intérêt que s'il est

« nourri » par la présence des adultes et des substituts parentaux. Un enfant qui resterait de longues heures devant un écran de télévision ou une tablette encourt un grave risque d'isolement. En revanche, ne craignez pas de voir un enfant qui « bidouille » dans son coin tout seul, qui « bricole », et qui soupire « qu'est-ce que je m'ennuie ». L'ennui est un matériau indispensable non pas spécifiquement de l'intelligence, mais de la créativité. Y compris de ce que l'on pourrait nommer « l'invention de soi-même ». Et s'il faut impérativement réserver des creux dans son emploi du temps, c'est parce qu'ils lui permettront de forger son propre chemin. C'est de cette manière qu'il apprendra à être un individu, non seulement brillant, mais incomparable.

L'ANGE DE L'OUBLI

Connaissez-vous la légende de l'ange de l'oubli ? À sa naissance, un bébé connaît tout. L'amour, l'histoire, les guerres, les sentiments. Il connaît toute la mémoire de l'histoire de l'humanité. Mais arrive alors l'ange de l'oubli. L'ange pose son doigt sur la bouche du bébé. « Chut » lui dit-il, lui intimant l'ordre de tout oublier. Ainsi, le bébé doit tout réapprendre, depuis le début. Et savez-vous quelle est la preuve de l'existence de l'ange ? C'est la petite trace que nous avons tous, au-dessus de nos lèvres. C'est la marque du doigt de l'ange de l'oubli...

Cette magnifique légende, venue de la nuit des temps, nous confirme à quel point tous les bébés du monde sont porteurs de fantasmes. Ils semblent tout savoir, ils semblent tout comprendre. Ne les trouvez-vous pas semblables à de vieux sages ? Les yeux plissés, ils nous scrutent du regard, ils sont à l'écoute du monde, tandis que, chaque jour, leur cerveau établit des millions de connexions. Oui, ils sont si intelligents, ils apprennent si vite qu'ils ont l'air en réalité de *réapprendre*... Si les bébés éblouissent tant les adultes que nous sommes, il est aisé d'imaginer quel magnétisme peuvent exercer les petits précoces, riches de promesses, sur leurs parents...

Cette fascination est positive et stimulante – que deviendrait un bébé qui ne serait pas nourri par les rêves de ses parents ? – mais elle est dangereuse aussi. Méfions-nous de cette tentation que nous avons à surinvestir les bébés comme « objets de fantasmes », à projeter sur eux nos rêves et aspirations inconscientes. Méfions-nous de ce désir d'en faire des demi-dieux.

Face à ces petits êtres hypersensibles, et prometteurs, les parents doivent plus que jamais naviguer à vue, entre le Charybde de l'hypercoaching et le Scylla du « laisser-faire ». Surveiller d'un œil anxieux leurs moindres progrès, les gaver d'activités, de petits cours... voilà qui, pour ces enfants-là, serait très dommageable, et creuserait le lit d'un « faux self », une fausse identité, tout autant que d'une anxiété de performance. Mais le laisser à l'abandon, c'est-à-dire nier leur singularité, leur potentiel, serait redoubler leur anxiété, leur sensibilité, leur vulnérabilité.

Intelligences multiples

Alors, nourrir ce bébé, certes, est indispensable mais il faut lui proposer un panel de nourritures spirituelles et d'activités créatives diverses et variées. N'oublions jamais que nous sommes des omnivores, sur le plan intellectuel aussi !

Nous avons observé à quel point l'intelligence était complexe et multiple ; à quel point il serait dommage, aujourd'hui, d'investir l'intelligence dite « cognitive » – celle qui permet la réussite scolaire – au détriment d'autres types d'intelligence – musicale, kinesthésique, sensorielle... mais surtout émotionnelle (dite « intrapersonnelle ») et relationnelle (interpersonnelle). Ces deux types d'intelligence, qui permettent d'entrer en relation avec les autres, de les comprendre, mais aussi de se faire comprendre d'eux, sont une condition *sine qua non* du bonheur et de la réussite.

N'oublions pas non plus, comme nous l'avons vu, de proposer au petit précoce un environnement stimulant... sans forcing aucun. Proposer ? Cela signifie mettre à sa disposition, mais surtout ne pas faire à sa place. Cet âge si précieux de l'*infans* – celui qui ne parle pas encore – est la période rêvée des tâtonnements, des expérimentations, des explorations. En explorant l'univers, le bébé se frotte à ses multiples identités. Et c'est bien aujourd'hui ce que l'on peut regretter : l'enfance comme âge du tâtonnement tend à s'effacer au profit d'une période craintive d'ultracontrôle, d'assurance, de convictions. L'angoisse nous pousse à obtenir très rapidement des « certitudes ».

Aujourd'hui, dans notre société de risque zéro, on empêche malgré tout les bébés de faire leurs propres expériences. On les « parque » dans des endroits de haute sécurité, on leur épargne le moindre échec. On les empêche d'apprendre en expérimentant. Quel dommage ! Ce faisant, on leur mâche le travail, même tout petits ! Et ensuite, quelques années plus tard, on regrettera amèrement qu'ils ne poursuivent pas leurs efforts, qu'ils abandonnent si vite... Mais n'est-ce pas nous, les adultes, qui, en les privant d'expérimenter par eux-mêmes, en leur donnant tout cru dans la bouche les avons empêchés de cultiver leur sens de l'effort ?

L'échec est source d'apprentissage. L'échec n'est qu'une face de la réussite. N'en ayons pas peur ! L'apprentissage procède par allers et retours, par avancées et petites régressions. Ne hâtons donc pas le processus, au risque de zapper les étapes, proposons, accompagnons ses apprentissages sans les bousculer. Il va plus vite que les autres ? Sachons le repérer, mais n'essayons pas d'aller encore plus vite. Il a besoin de parents qui l'encouragent sur la voie de la persévérance.

Un espace « perso »...

Maintenir un espace personnel ? C'est la condition *sine qua non* pour ne pas calquer son désir de parent sur celui de l'enfant. Méfions-nous de la notion de sacrifice, de « mère sacrificielle ». Même si nous souhaitons plus que tout leur réussite et leur bonheur, il n'est pas obligatoire de tirer un trait sur sa vie d'adulte, et de se métamorphoser en parent dévoué au culte de son « petit roi ». « Au lieu de laisser l'enfant se développer selon son propre désir, le parent risque de chercher à le soumettre au sien[1] », écrit Françoise Dolto. Nous l'avons observé, il n'y a pas de parent parfait, et un bon parent n'est pas celui qui « donne trop ». Pour éduquer nos petits surdoués, il faut s'impliquer, s'informer, et rechercher de l'aide quand on est dans le doute...

Très tôt, il doit avoir conscience de son jardin secret, de son intimité. Or, à trop multiplier les activités, on « bouche les trous ». Les bébés, les jeunes enfants, n'ont plus cinq minutes ni pour expérimenter ni pour créer. Sachons les laisser de temps en temps ne rien faire. Nous le savons tous : l'ennui est la source de créativité. Or la créativité doit être au cœur de votre éducation. N'est-ce pas la meilleure façon d'être au monde, surtout aujourd'hui au XXIe siècle ? N'est-ce pas le cadeau le plus précieux qu'une bonne fée voletant au-dessus du berceau pourrait offrir à notre tout-petit ? Nous évoluons dans un monde frénétique, qui roule à 300 à l'heure, à une vitesse exponentielle, dans lequel nos enfants auront à changer peut-être trois ou quatre fois de profession. Un monde dans lequel il faudra s'adapter à tout prix. Or, pour s'adapter, il ne faut pas être

1. Françoise Dolto, *La Cause des enfants*, Robert Laffont, 1997.

suradapté. Il ne faut pas être nécessairement un puits de science, un monstre de performance... La seule chose qui importe, c'est de savoir maintenir son être en éveil, être à l'affût, explorer, connaître, appréhender le réel d'un œil neuf. Expérimenter par soi-même. Les petits précoces, si intelligents, mais parfois si encombrés d'eux-mêmes, doivent le savoir. Ils doivent couver, au fond d'eux-mêmes, comme une précieuse flamme, le désir, la curiosité : « Nous naissons avec la faculté d'élucider les secrets de l'univers et de nos propres cerveaux, et avec le besoin irrépressible de chercher et d'expérimenter jusqu'à ce que ce soit chose faite[1]. » Ainsi est le bébé et, en particulier, le petit précoce. Avide de connaissances, moteur vers l'infini. Pour que leur désir soit intact, ne faisons pas POUR eux, mais AVEC eux[2]. Laissons-les expérimenter à leur guise, tâtonner, avancer, reculer, goûter, comprendre. Et laissons-les se reposer d'eux-mêmes. Laissons-les de temps à autre à la garde de leur ange gardien, l'ange de l'oubli et son alter ego, celui du *désir d'apprendre.*

---

1. Alison Gopnik, Andrew Meltzoff, Patricia Kuhl, *Comment pensent les bébés ?*, Le Pommier, 2005.
2. Monique de Kermadec, *Pour que mon enfant réussisse, op. cit.*

Table

DES MÊMES AUTEURES :

Monique de Kermadec

Pour que mon enfant réussisse. Le soutenir et l'accompagner, Albin Michel, « Questions de parents », 2010.
L'adulte surdoué. Comment faire simple quand on est compliqué, Albin Michel, 2012.

Sophie Carquain

Littérature jeunesse

Petites histoires d'école, ill. Christine Davenier, Albin Michel jeunesse, 2013.
Cent histoires du soir, ill. Soledad, Marabout, 2012.
Petites histoires pour devenir grand, tomes I et II, Albin Michel, 2003 et 2005 ; Le Livre de Poche, 2009 et 2010.
Petites leçons de vie, pour l'aider à s'affirmer, Albin Michel, 2008.

24 histoires avant Noël, ill. Jacques Azam, Albin Michel jeunesse, 2010.
Les lutines se mutinent, ill. Ewen Blain, Talents hauts, 2011.

Littérature adulte

Les Objets bavards, de la Barbie au Camescope, Éd. du Rocher, 2009.

Avec Maryse Vaillant

Pardonner à ses enfants, briser un tabou, Albin Michel, 2012.
La Répétition amoureuse, Albin Michel, 2010.
Entre sœurs, une histoire de féminité, Albin Michel, 2008.
Récits de divan, propos de fauteuil. Comment la psychanalyse peut changer la vie, Albin Michel, 2007 ; Le Livre de Poche, 2012.

PAPIER À BASE DE FIBRES CERTIFIÉES

Le Livre de Poche s'engage pour l'environnement en réduisant l'empreinte carbone de ses livres. Celle de cet exemplaire est de :
600 g éq. CO_2
Rendez-vous sur www.livredepoche-durable.fr

Composition réalisée par PCA

Achevé d'imprimer en avril 2019 en France par
Maury Imprimeur – 45330 Malesherbes
N° d'impression : 235966
Dépôt légal 1re publication : mai 2019
LIBRAIRIE GÉNÉRALE FRANÇAISE
21, rue du Montparnasse – 75298 Paris Cedex 06

46/2497/5